中华人民共和国
新法规汇编

2023
第 11 辑

司法部 编

中国法制出版社

编 辑 说 明

一、《中华人民共和国新法规汇编》是国家出版的法律、行政法规汇编正式版本，是刊登报国务院备案并予以登记的部门规章的指定出版物。

二、本汇编收集的内容包括：上一个月内由全国人民代表大会及其常务委员会通过的法律和有关法律问题的决定，国务院公布的行政法规和国务院文件，报国务院备案并予以登记的部门规章，最高人民法院和最高人民检察院公布的司法解释。另外，还收入了上一个月内报国务院备案并予以登记的地方性法规和地方政府规章目录。

三、本汇编所收的内容，按下列分类顺序编排：法律，行政法规，国务院文件，国务院部门规章，司法解释。每类中按公布的时间顺序排列。报国务院备案并予以登记的地方性法规和地方政府规章目录按 1987 年国务院批准的行政区划顺序排列；同一行政区域报备两件以上者，按公布时间顺序排列。

四、本汇编每年出版 12 辑，每月出版 1 辑。本辑为 2023 年度第 11 辑，收入 2023 年 10 月份内公布的法律 2 件、有关法律问题的决定 1 件、行政法规 1 件、国务院文件 7 件、报国务院备案并经审查予以登记编号的部门规章 7 件，司法解释 1 件，共计 19 件。

五、本汇编在编辑出版过程中，得到了国务院有关部门和有关方面以及广大读者的大力支持和协助，在此谨致谢意。

司法部
2023 年 11 月

目　录

国务院部门规章

司法解释

附：

中华人民共和国海洋环境保护法

（1982 年 8 月 23 日第五届全国人民代表大会常务委员会第二十四次会议通过　1999 年 12 月 25 日第九届全国人民代表大会常务委员会第十三次会议第一次修订　根据 2013 年 12 月 28 日第十二届全国人民代表大会常务委员会第六次会议《关于修改〈中华人民共和国海洋环境保护法〉等七部法律的决定》第一次修正　根据 2016 年 11 月 7 日第十二届全国人民代表大会常务委员会第二十四次会议《关于修改〈中华人民共和国海洋环境保护法〉的决定》第二次修正　根据 2017 年 11 月 4 日第十二届全国人民代表大会常务委员会第三十次会议《关于修改〈中华人民共和国会计法〉等十一部法律的决定》第三次修正　2023 年 10 月 24 日第十四届全国人民代表大会常务委员会第六次会议第二次修订　2023 年 10 月 24 日中华人民共和国主席令第 12 号公布　自 2024 年 1 月 1 日起施行）

目　　录

第一章　总　　则

第一条　为了保护和改善海洋环境,保护海洋资源,防治污染损害,保障生态安全和公众健康,维护国家海洋权益,建设海洋强国,推进生态文明建设,促进经济社会可持续发展,实现人与自然和谐共生,根据宪法,制定本法。

第二条　本法适用于中华人民共和国管辖海域。

在中华人民共和国管辖海域内从事航行、勘探、开发、生产、旅游、科学研究及其他活动,或者在沿海陆域内从事影响海洋环境活动的任何单位和个人,应当遵守本法。

在中华人民共和国管辖海域以外,造成中华人民共和国管辖海域环境污染、生态破坏的,适用本法相关规定。

第三条　海洋环境保护应当坚持保护优先、预防为主、源头防控、陆海统筹、综合治理、公众参与、损害担责的原则。

第四条　国务院生态环境主管部门负责全国海洋环境的监督管理,负责全国防治陆源污染物、海岸工程和海洋工程建设项目(以下称工程建设项目)、海洋倾倒废弃物对海洋环境污染损害的环境保护工作,指导、协调和监督全国海洋生态保护修复工作。

国务院自然资源主管部门负责海洋保护和开发利用的监督管理,负责全国海洋生态、海域海岸线和海岛的修复工作。

国务院交通运输主管部门负责所辖港区水域内非军事船舶和港区水域外非渔业、非军事船舶污染海洋环境的监督管理,组织、协调、指挥重大海上溢油应急处置。海事管理机构具体负责上述水域内相关船舶污染海洋环境的监督管理,并负责污染事故的调查处理;对在中华人民共和国管辖海域航行、停泊和作业的外国籍船舶造成的污染事故登轮检查处理。船舶污染事故给渔业造成损害的,应当吸收渔业主管部门参与调查处理。

国务院渔业主管部门负责渔港水域内非军事船舶和渔港水域外渔业船舶污染海洋环境的监督管理,负责保护渔业水域生态环境工作,并调查处理前款规定的污染事故以外的渔业污染事故。

国务院发展改革、水行政、住房和城乡建设、林业和草原等部门在各自职责范围内负责有关行业、领域涉及的海洋环境保护工作。

海警机构在职责范围内对海洋工程建设项目、海洋倾倒废弃物对海洋环境污染损害、自然保护地海岸线向海一侧保护利用等活动进行监督检查,查处违法行为,按照规定权限参与海洋环境污染事故的应急处置和调查处理。

军队生态环境保护部门负责军事船舶污染海洋环境的监督管理及污染事故的调查处理。

第五条 沿海县级以上地方人民政府对其管理海域的海洋环境质量负责。

国家实行海洋环境保护目标责任制和考核评价制度,将海洋环境保护目标完成情况纳入考核评价的内容。

第六条 沿海县级以上地方人民政府可以建立海洋环境保护区域协作机制,组织协调其管理海域的环境保护工作。

跨区域的海洋环境保护工作,由有关沿海地方人民政府协商解决,或者由上级人民政府协调解决。

跨部门的重大海洋环境保护工作,由国务院生态环境主管部门协调;协调未能解决的,由国务院作出决定。

第七条 国务院和沿海县级以上地方人民政府应当将海洋环境保护工作纳入国民经济和社会发展规划,按照事权和支出责任划分原则,将海洋环境保护工作所需经费纳入本级政府预算。

第八条 各级人民政府及其有关部门应当加强海洋环境保护的宣传教育和知识普及工作,增强公众海洋环境保护意识,引导公众依法参与海洋环境保护工作;鼓励基层群众性自治组织、社会组织、志愿者等开展海洋环境保护法律法规和知识的宣传活动;按照职责分工依法公开海洋环境相关信息。

新闻媒体应当采取多种形式开展海洋环境保护的宣传报道,并对违法行为进行舆论监督。

第九条 任何单位和个人都有保护海洋环境的义务,并有权对污染海洋环境、破坏海洋生态的单位和个人,以及海洋环境监督管理人员的违法行为进行监督和检举。

从事影响海洋环境活动的任何单位和个人,都应当采取有效措施,防止、减轻海洋环境污染、生态破坏。排污者应当依法公开排污信息。

第十条 国家鼓励、支持海洋环境保护科学技术研究、开发和应用,促进海洋环境保护信息化建设,加强海洋环境保护专业技术人才培养,提高海洋环境保护科学技术水平。

国家鼓励、支持海洋环境保护国际交流与合作。

第十一条 对在海洋环境保护工作中做出显著成绩的单位和个人,按照国家有关规定给予表彰和奖励。

第二章 海洋环境监督管理

第十二条 国家实施陆海统筹、区域联动的海洋环境监督管理制度,加强规划、标准、监测等监督管理制度的衔接协调。

各级人民政府及其有关部门应当加强海洋环境监督管理能力建设,提高海洋环境监督管理科技化、信息化水平。

第十三条 国家优先将生态功能极重要、生态极敏感脆弱的海域划入生态保护红线,实行严格保护。

开发利用海洋资源或者从事影响海洋环境的建设活动,应当根据国土空间规划科学合理布局,严格遵守国土空间用途管制要求,严守生态保护红线,不得造成海洋生态环境的损害。沿海地方各级人民政府应当根据国土空间规划,保护和科学合理地使用海域。沿海省、自治区、直辖市人民政府应当加强对生态保护红线内人为活动的监督管理,定期评估保护成效。

国务院有关部门、沿海设区的市级以上地方人民政府及其有关部门,对其组织编制的国土空间规划和相关规划,应当依法进行包括海洋环境保护内容在内的环境影响评价。

第十四条　国务院生态环境主管部门会同有关部门、机构和沿海省、自治区、直辖市人民政府制定全国海洋生态环境保护规划,报国务院批准后实施。全国海洋生态环境保护规划应当与全国国土空间规划相衔接。

沿海地方各级人民政府应当根据全国海洋生态环境保护规划,组织实施其管理海域的海洋环境保护工作。

第十五条　沿海省、自治区、直辖市人民政府应当根据其管理海域的生态环境和资源利用状况,将其管理海域纳入生态环境分区管控方案和生态环境准入清单,报国务院生态环境主管部门备案后实施。生态环境分区管控方案和生态环境准入清单应当与国土空间规划相衔接。

第十六条　国务院生态环境主管部门根据海洋环境质量状况和国家经济、技术条件,制定国家海洋环境质量标准。

沿海省、自治区、直辖市人民政府对国家海洋环境质量标准中未作规定的项目,可以制定地方海洋环境质量标准;对国家海洋环境质量标准中已作规定的项目,可以制定严于国家海洋环境质量标准的地方海洋环境质量标准。地方海洋环境质量标准应当报国务院生态环境主管部门备案。

国家鼓励开展海洋环境基准研究。

第十七条　制定海洋环境质量标准,应当征求有关部门、行业协会、企业事业单位、专家和公众等的意见,提高海洋环境质量标准的科学性。

海洋环境质量标准应当定期评估,并根据评估结果适时修订。

第十八条 国家和有关地方水污染物排放标准的制定,应当将海洋环境质量标准作为重要依据之一。

对未完成海洋环境保护目标的海域,省级以上人民政府生态环境主管部门暂停审批新增相应种类污染物排放总量的建设项目环境影响报告书(表),会同有关部门约谈该地区人民政府及其有关部门的主要负责人,要求其采取有效措施及时整改,约谈和整改情况应当向社会公开。

第十九条 国家加强海洋环境质量管控,推进海域综合治理,严格海域排污许可管理,提升重点海域海洋环境质量。

需要直接向海洋排放工业废水、医疗污水的海岸工程和海洋工程单位,城镇污水集中处理设施的运营单位及其他企业事业单位和生产经营者,应当依法取得排污许可证。排污许可的管理按照国务院有关规定执行。

实行排污许可管理的企业事业单位和其他生产经营者应当执行排污许可证关于排放污染物的种类、浓度、排放量、排放方式、排放去向和自行监测等要求。

禁止通过私设暗管或者篡改、伪造监测数据,以及不正常运行污染防治设施等逃避监管的方式向海洋排放污染物。

第二十条 国务院生态环境主管部门根据海洋环境状况和质量改善要求,会同国务院发展改革、自然资源、住房和城乡建设、交通运输、水行政、渔业等部门和海警机构,划定国家环境治理重点海域及其控制区域,制定综合治理行动方案,报国务院批准后实施。

沿海设区的市级以上地方人民政府应当根据综合治理行动方案,制定其管理海域的实施方案,因地制宜采取特别管控措施,开展综合治理,协同推进重点海域治理与美丽海湾建设。

第二十一条 直接向海洋排放应税污染物的企业事业单位和其他生产经营者,应当依照法律规定缴纳环境保护税。

向海洋倾倒废弃物,应当按照国家有关规定缴纳倾倒费。具体办法由国务院发展改革部门、国务院财政主管部门会同国务院生态环境主管部门制定。

第二十二条 国家加强防治海洋环境污染损害的科学技术的研究和开发,对严重污染海洋环境的落后生产工艺和落后设备,实行淘汰制度。

企业事业单位和其他生产经营者应当优先使用清洁低碳能源,采用资源利用率高、污染物排放量少的清洁生产工艺,防止对海洋环境的污染。

第二十三条 国务院生态环境主管部门负责海洋生态环境监测工作,制定海洋生态环境监测规范和标准并监督实施,组织实施海洋生态环境质量监测,统一发布国家海洋生态环境状况公报,定期组织对海洋生态环境质量状况进行调查评价。

国务院自然资源主管部门组织开展海洋资源调查和海洋生态预警监测,发布海洋生态预警监测警报和公报。

其他依照本法规定行使海洋环境监督管理权的部门和机构应当按照职责分工开展监测、监视。

第二十四条 国务院有关部门和海警机构应当向国务院生态环境主管部门提供编制国家海洋生态环境状况公报所必需的入海河口和海洋环境监测、调查、监视等方面的资料。

生态环境主管部门应当向有关部门和海警机构提供与海洋环境监督管理有关的资料。

第二十五条 国务院生态环境主管部门会同有关部门和机构通过智能化的综合信息系统,为海洋环境保护监督管理、信息共享提供服务。

国务院有关部门、海警机构和沿海县级以上地方人民政府及其有关部门应当按照规定,推进综合监测、协同监测和常态化监测,加强监测数据、执法信息等海洋环境管理信息共享,提高海洋环境保护综合管理水平。

第二十六条 国家加强海洋辐射环境监测,国务院生态环境主管部门负责制定海洋辐射环境应急监测方案并组织实施。

第二十七条 因发生事故或者其他突发性事件,造成或者可能造成海洋环境污染、生态破坏事件的单位和个人,应当立即采取有效措施解除或者减轻危害,及时向可能受到危害者通报,并向依照本法规定行使海洋环境监督管理权的部门和机构报告,接受调查处理。

沿海县级以上地方人民政府在本行政区域近岸海域的生态环境受到严重损害时,应当采取有效措施,解除或者减轻危害。

第二十八条 国家根据防止海洋环境污染的需要,制定国家重大海上污染事件应急预案,建立健全海上溢油污染等应急机制,保障应对工作的必要经费。

国家建立重大海上溢油应急处置部际联席会议制度。国务院交通运输主管部门牵头组织编制国家重大海上溢油应急处置预案并组织实施。

国务院生态环境主管部门负责制定全国海洋石油勘探开发海上溢油污染事件应急预案并组织实施。

国家海事管理机构负责制定全国船舶重大海上溢油污染事件应急预案,报国务院生态环境主管部门、国务院应急管理部门备案。

沿海县级以上地方人民政府及其有关部门应当制定有关应急预案,在发生海洋突发环境事件时,及时启动应急预案,采取有效措施,解除或者减轻危害。

可能发生海洋突发环境事件的单位,应当按照有关规定,制定本单位的应急预案,配备应急设备和器材,定期组织开展应急演练;应急预案应当向依照本法规定行使海洋环境监督管理权的部门和机构备案。

第二十九条 依照本法规定行使海洋环境监督管理权的部门和机构,有权对从事影响海洋环境活动的单位和个人进行现场检查;在巡航监视中发现违反本法规定的行为时,应当予以制止并调查取证,必要时有权采取有效措施,防止事态扩大,并报告有关部门或者机构处理。

被检查者应当如实反映情况,提供必要的资料。检查者应当依法为被检查者保守商业秘密、个人隐私和个人信息。

依照本法规定行使海洋环境监督管理权的部门和机构可以在海上实行联合执法。

第三十条　造成或者可能造成严重海洋环境污染、生态破坏的,或者有关证据可能灭失或者被隐匿的,依照本法规定行使海洋环境监督管理权的部门和机构可以查封、扣押有关船舶、设施、设备、物品。

第三十一条　在中华人民共和国管辖海域以外,造成或者可能造成中华人民共和国管辖海域环境污染、生态破坏的,有关部门和机构有权采取必要的措施。

第三十二条　国务院生态环境主管部门会同有关部门和机构建立向海洋排放污染物、从事废弃物海洋倾倒、从事海洋生态环境治理和服务的企业事业单位和其他生产经营者信用记录与评价应用制度,将相关信用记录纳入全国公共信用信息共享平台。

第三章　海洋生态保护

第三十三条　国家加强海洋生态保护,提升海洋生态系统质量和多样性、稳定性、持续性。

国务院和沿海地方各级人民政府应当采取有效措施,重点保护红树林、珊瑚礁、海藻场、海草床、滨海湿地、海岛、海湾、入海河口、重要渔业水域等具有典型性、代表性的海洋生态系统,珍稀濒危海洋生物的天然集中分布区,具有重要经济价值的海洋生物生存区域及有重大科学文化价值的海洋自然遗迹和自然景观。

第三十四条　国务院和沿海省、自治区、直辖市人民政府及其有关部门根据保护海洋的需要,依法将重要的海洋生态系统、珍稀濒危海洋生物的天然集中分布区、海洋自然遗迹和自然景观集中分布区等区域纳入国家公园、自然保护区或者自然公园等自然保护地。

第三十五条　国家建立健全海洋生态保护补偿制度。

国务院和沿海省、自治区、直辖市人民政府应当通过转移支付、产业扶持等方式支持开展海洋生态保护补偿。

沿海地方各级人民政府应当落实海洋生态保护补偿资金,确保其用于海洋生态保护补偿。

第三十六条　国家加强海洋生物多样性保护,健全海洋生物多样性调查、监测、评估和保护体系,维护和修复重要海洋生态廊道,防止对海洋生物多样性的破坏。

开发利用海洋和海岸带资源,应当对重要海洋生态系统、生物物种、生物遗传资源实施有效保护,维护海洋生物多样性。

引进海洋动植物物种,应当进行科学论证,避免对海洋生态系统造成危害。

第三十七条　国家鼓励科学开展水生生物增殖放流,支持科学规划,因地制宜采取投放人工鱼礁和种植海藻场、海草床、珊瑚等措施,恢复海洋生物多样性,修复改善海洋生态。

第三十八条　开发海岛及周围海域的资源,应当采取严格的生态保护措施,不得造成海岛地形、岸滩、植被和海岛周围海域生态环境的损害。

第三十九条　国家严格保护自然岸线,建立健全自然岸线控制制度。沿海省、自治区、直辖市人民政府负责划定严格保护岸线的范围并发布。

沿海地方各级人民政府应当加强海岸线分类保护与利用,保护修复自然岸线,促进人工岸线生态化,维护岸线岸滩稳定平衡,因地制宜、科学合理划定海岸建筑退缩线。

禁止违法占用、损害自然岸线。

第四十条　国务院水行政主管部门确定重要入海河流的生态

流量管控指标,应当征求并研究国务院生态环境、自然资源等部门的意见。确定生态流量管控指标,应当进行科学论证,综合考虑水资源条件、气候状况、生态环境保护要求、生活生产用水状况等因素。

入海河口所在地县级以上地方人民政府及其有关部门按照河海联动的要求,制定实施河口生态修复和其他保护措施方案,加强对水、沙、盐、潮滩、生物种群、河口形态的综合监测,采取有效措施防止海水入侵和倒灌,维护河口良好生态功能。

第四十一条 沿海地方各级人民政府应当结合当地自然环境的特点,建设海岸防护设施、沿海防护林、沿海城镇园林和绿地,对海岸侵蚀和海水入侵地区进行综合治理。

禁止毁坏海岸防护设施、沿海防护林、沿海城镇园林和绿地。

第四十二条 对遭到破坏的具有重要生态、经济、社会价值的海洋生态系统,应当进行修复。海洋生态修复应当以改善生境、恢复生物多样性和生态系统基本功能为重点,以自然恢复为主、人工修复为辅,并优先修复具有典型性、代表性的海洋生态系统。

国务院自然资源主管部门负责统筹海洋生态修复,牵头组织编制海洋生态修复规划并实施有关海洋生态修复重大工程。编制海洋生态修复规划,应当进行科学论证评估。

国务院自然资源、生态环境等部门应当按照职责分工开展修复成效监督评估。

第四十三条 国务院自然资源主管部门负责开展全国海洋生态灾害预防、风险评估和隐患排查治理。

沿海县级以上地方人民政府负责其管理海域的海洋生态灾害应对工作,采取必要的灾害预防、处置和灾后恢复措施,防止和减轻灾害影响。

企业事业单位和其他生产经营者应当采取必要应对措施,防止海洋生态灾害扩大。

第四十四条 国家鼓励发展生态渔业,推广多种生态渔业生产方式,改善海洋生态状况,保护海洋环境。

沿海县级以上地方人民政府应当因地制宜编制并组织实施养殖水域滩涂规划,确定可以用于养殖业的水域和滩涂,科学划定海水养殖禁养区、限养区和养殖区,建立禁养区内海水养殖的清理和退出机制。

第四十五条 从事海水养殖活动应当保护海域环境,科学确定养殖规模和养殖密度,合理投饵、投肥,正确使用药物,及时规范收集处理固体废物,防止造成海洋生态环境的损害。

禁止在氮磷浓度严重超标的近岸海域新增或者扩大投饵、投肥海水养殖规模。

向海洋排放养殖尾水污染物等应当符合污染物排放标准。沿海省、自治区、直辖市人民政府应当制定海水养殖污染物排放相关地方标准,加强养殖尾水污染防治的监督管理。

工厂化养殖和设置统一排污口的集中连片养殖的排污单位,应当按照有关规定对养殖尾水自行监测。

第四章　陆源污染物污染防治

第四十六条 向海域排放陆源污染物,应当严格执行国家或者地方规定的标准和有关规定。

第四十七条 入海排污口位置的选择,应当符合国土空间用途管制要求,根据海水动力条件和有关规定,经科学论证后,报设区的市级以上人民政府生态环境主管部门备案。排污口的责任主体应当加强排污口监测,按照规定开展监控和自动监测。

生态环境主管部门应当在完成备案后十五个工作日内将入海排污口设置情况通报自然资源、渔业等部门和海事管理机构、海警机构、军队生态环境保护部门。

沿海县级以上地方人民政府应当根据排污口类别、责任主体,组织有关部门对本行政区域内各类入海排污口进行排查整治和日常监督管理,建立健全近岸水体、入海排污口、排污管线、污染源全链条治理体系。

国务院生态环境主管部门负责制定入海排污口设置和管理的具体办法,制定入海排污口技术规范,组织建设统一的入海排污口信息平台,加强动态更新、信息共享和公开。

第四十八条　禁止在自然保护地、重要渔业水域、海水浴场、生态保护红线区域及其他需要特别保护的区域,新设工业排污口和城镇污水处理厂排污口;法律、行政法规另有规定的除外。

在有条件的地区,应当将排污口深水设置,实行离岸排放。

第四十九条　经开放式沟(渠)向海洋排放污染物的,对开放式沟(渠)按照国家和地方的有关规定、标准实施水环境质量管理。

第五十条　国务院有关部门和县级以上地方人民政府及其有关部门应当依照水污染防治有关法律、行政法规的规定,加强入海河流管理,协同推进入海河流污染防治,使入海河口的水质符合入海河口环境质量相关要求。

入海河流流域省、自治区、直辖市人民政府应当按照国家有关规定,加强入海总氮、总磷排放的管控,制定控制方案并组织实施。

第五十一条　禁止向海域排放油类、酸液、碱液、剧毒废液。

禁止向海域排放污染海洋环境、破坏海洋生态的放射性废水。

严格控制向海域排放含有不易降解的有机物和重金属的废水。

第五十二条　含病原体的医疗污水、生活污水和工业废水应当经过处理,符合国家和地方有关排放标准后,方可排入海域。

第五十三条　含有机物和营养物质的工业废水、生活污水,应当严格控制向海湾、半封闭海及其他自净能力较差的海域排放。

第五十四条　向海域排放含热废水,应当采取有效措施,保证邻近自然保护地、渔业水域的水温符合国家和地方海洋环境质量标准,避免热污染对珍稀濒危海洋生物、海洋水产资源造成危害。

第五十五条　沿海地方各级人民政府应当加强农业面源污染

13

防治。沿海农田、林场施用化学农药,应当执行国家农药安全使用的规定和标准。沿海农田、林场应当合理使用化肥和植物生长调节剂。

第五十六条 在沿海陆域弃置、堆放和处理尾矿、矿渣、煤灰渣、垃圾和其他固体废物的,依照《中华人民共和国固体废物污染环境防治法》的有关规定执行,并采取有效措施防止固体废物进入海洋。

禁止在岸滩弃置、堆放和处理固体废物;法律、行政法规另有规定的除外。

第五十七条 沿海县级以上地方人民政府负责其管理海域的海洋垃圾污染防治,建立海洋垃圾监测、清理制度,统筹规划建设陆域接收、转运、处理海洋垃圾的设施,明确有关部门、乡镇、街道、企业事业单位等的海洋垃圾管控区域,建立海洋垃圾监测、拦截、收集、打捞、运输、处理体系并组织实施,采取有效措施鼓励、支持公众参与上述活动。国务院生态环境、住房和城乡建设、发展改革等部门应当按照职责分工加强海洋垃圾污染防治的监督指导和保障。

第五十八条 禁止经中华人民共和国内水、领海过境转移危险废物。

经中华人民共和国管辖的其他海域转移危险废物的,应当事先取得国务院生态环境主管部门的书面同意。

第五十九条 沿海县级以上地方人民政府应当建设和完善排水管网,根据改善海洋环境质量的需要建设城镇污水处理厂和其他污水处理设施,加强城乡污水处理。

建设污水海洋处置工程,应当符合国家有关规定。

第六十条 国家采取必要措施,防止、减少和控制来自大气层或者通过大气层造成的海洋环境污染损害。

第五章　工程建设项目污染防治

第六十一条　新建、改建、扩建工程建设项目,应当遵守国家有关建设项目环境保护管理的规定,并把污染防治和生态保护所需资金纳入建设项目投资计划。

禁止在依法划定的自然保护地、重要渔业水域及其他需要特别保护的区域,违法建设污染环境、破坏生态的工程建设项目或者从事其他活动。

第六十二条　工程建设项目应当按照国家有关建设项目环境影响评价的规定进行环境影响评价。未依法进行并通过环境影响评价的建设项目,不得开工建设。

环境保护设施应当与主体工程同时设计、同时施工、同时投产使用。环境保护设施应当符合经批准的环境影响评价报告书(表)的要求。建设单位应当依照有关法律法规的规定,对环境保护设施进行验收,编制验收报告,并向社会公开。环境保护设施未经验收或者经验收不合格的,建设项目不得投入生产或者使用。

第六十三条　禁止在沿海陆域新建不符合国家产业政策的化学制浆造纸、化工、印染、制革、电镀、酿造、炼油、岸边冲滩拆船及其他严重污染海洋环境的生产项目。

第六十四条　新建、改建、扩建工程建设项目,应当采取有效措施,保护国家和地方重点保护的野生动植物及其生存环境,保护海洋水产资源,避免或者减轻对海洋生物的影响。

禁止在严格保护岸线范围内开采海砂。依法在其他区域开发利用海砂资源,应当采取严格措施,保护海洋环境。载运海砂资源应当持有合法来源证明;海砂开采者应当为载运海砂的船舶提供合法来源证明。

从岸上打井开采海底矿产资源,应当采取有效措施,防止污染海洋环境。

第六十五条　工程建设项目不得使用含超标准放射性物质或者易溶出有毒有害物质的材料；不得造成领海基点及其周围环境的侵蚀、淤积和损害，不得危及领海基点的稳定。

第六十六条　工程建设项目需要爆破作业时，应当采取有效措施，保护海洋环境。

海洋石油勘探开发及输油过程中，应当采取有效措施，避免溢油事故的发生。

第六十七条　工程建设项目不得违法向海洋排放污染物、废弃物及其他有害物质。

海洋油气钻井平台（船）、生产生活平台、生产储卸装置等海洋油气装备的含油污水和油性混合物，应当经过处理达标后排放；残油、废油应当予以回收，不得排放入海。

钻井所使用的油基泥浆和其他有毒复合泥浆不得排放入海。水基泥浆和无毒复合泥浆及钻屑的排放，应当符合国家有关规定。

第六十八条　海洋油气钻井平台（船）、生产生活平台、生产储卸装置等海洋油气装备及其有关海上设施，不得向海域处置含油的工业固体废物。处置其他固体废物，不得造成海洋环境污染。

第六十九条　海上试油时，应当确保油气充分燃烧，油和油性混合物不得排放入海。

第七十条　勘探开发海洋油气资源，应当按照有关规定编制油气污染应急预案，报国务院生态环境主管部门海域派出机构备案。

第六章　废弃物倾倒污染防治

第七十一条　任何个人和未经批准的单位，不得向中华人民共和国管辖海域倾倒任何废弃物。

需要倾倒废弃物的，产生废弃物的单位应当向国务院生态环境主管部门海域派出机构提出书面申请，并出具废弃物特性和成分检验报告,取得倾倒许可证后,方可倾倒。

国家鼓励疏浚物等废弃物的综合利用,避免或者减少海洋倾倒。

禁止中华人民共和国境外的废弃物在中华人民共和国管辖海域倾倒。

第七十二条 国务院生态环境主管部门根据废弃物的毒性、有毒物质含量和对海洋环境影响程度,制定海洋倾倒废弃物评价程序和标准。

可以向海洋倾倒的废弃物名录,由国务院生态环境主管部门制定。

第七十三条 国务院生态环境主管部门会同国务院自然资源主管部门编制全国海洋倾倒区规划,并征求国务院交通运输、渔业等部门和海警机构的意见,报国务院批准。

国务院生态环境主管部门根据全国海洋倾倒区规划,按照科学、合理、经济、安全的原则及时选划海洋倾倒区,征求国务院交通运输、渔业等部门和海警机构的意见,并向社会公告。

第七十四条 国务院生态环境主管部门组织开展海洋倾倒区使用状况评估,根据评估结果予以调整、暂停使用或者封闭海洋倾倒区。

海洋倾倒区的调整、暂停使用和封闭情况,应当通报国务院有关部门、海警机构并向社会公布。

第七十五条 获准和实施倾倒废弃物的单位,应当按照许可证注明的期限及条件,到指定的区域进行倾倒。倾倒作业船舶等载运工具应当安装使用符合要求的海洋倾倒在线监控设备,并与国务院生态环境主管部门监管系统联网。

第七十六条 获准和实施倾倒废弃物的单位,应当按照规定向颁发许可证的国务院生态环境主管部门海域派出机构报告倾倒情况。倾倒废弃物的船舶应当向驶出港的海事管理机构、海警机构作出报告。

第七十七条 禁止在海上焚烧废弃物。

禁止在海上处置污染海洋环境、破坏海洋生态的放射性废物或者其他放射性物质。

第七十八条 获准倾倒废弃物的单位委托实施废弃物海洋倾倒作业的,应当对受托单位的主体资格、技术能力和信用状况进行核实,依法签订书面合同,在合同中约定污染防治与生态保护要求,并监督实施。

受托单位实施废弃物海洋倾倒作业,应当依照有关法律法规的规定和合同约定,履行污染防治和生态保护要求。

获准倾倒废弃物的单位违反本条第一款规定的,除依照有关法律法规的规定予以处罚外,还应当与造成环境污染、生态破坏的受托单位承担连带责任。

第七章 船舶及有关作业活动污染防治

第七十九条 在中华人民共和国管辖海域,任何船舶及相关作业不得违法向海洋排放船舶垃圾、生活污水、含油污水、含有毒有害物质污水、废气等污染物,废弃物,压载水和沉积物及其他有害物质。

船舶应当按照国家有关规定采取有效措施,对压载水和沉积物进行处理处置,严格防控引入外来有害生物。

从事船舶污染物、废弃物接收和船舶清舱、洗舱作业活动的,应当具备相应的接收处理能力。

第八十条 船舶应当配备相应的防污设备和器材。

船舶的结构、配备的防污设备和器材应当符合国家防治船舶污染海洋环境的有关规定,并经检验合格。

船舶应当取得并持有防治海洋环境污染的证书与文书,在进行涉及船舶污染物、压载水和沉积物排放及操作时,应当按照有关规定监测、监控,如实记录并保存。

第八十一条　船舶应当遵守海上交通安全法律、法规的规定，防止因碰撞、触礁、搁浅、火灾或者爆炸等引起的海难事故,造成海洋环境的污染。

第八十二条　国家完善并实施船舶油污损害民事赔偿责任制度;按照船舶油污损害赔偿责任由船东和货主共同承担风险的原则,完善并实施船舶油污保险、油污损害赔偿基金制度,具体办法由国务院规定。

第八十三条　载运具有污染危害性货物进出港口的船舶,其承运人、货物所有人或者代理人,应当事先向海事管理机构申报。经批准后,方可进出港口或者装卸作业。

第八十四条　交付船舶载运污染危害性货物的,托运人应当将货物的正式名称、污染危害性以及应当采取的防护措施如实告知承运人。污染危害性货物的单证、包装、标志、数量限制等,应当符合对所交付货物的有关规定。

需要船舶载运污染危害性不明的货物,应当按照有关规定事先进行评估。

装卸油类及有毒有害货物的作业,船岸双方应当遵守安全防污操作规程。

第八十五条　港口、码头、装卸站和船舶修造拆解单位所在地县级以上地方人民政府应当统筹规划建设船舶污染物等的接收、转运、处理处置设施,建立相应的接收、转运、处理处置多部门联合监管制度。

沿海县级以上地方人民政府负责对其管理海域的渔港和渔业船舶停泊点及周边区域污染防治的监督管理,规范生产生活污水和渔业垃圾回收处置,推进污染防治设备建设和环境清理整治。

港口、码头、装卸站和船舶修造拆解单位应当按照有关规定配备足够的用于处理船舶污染物、废弃物的接收设施,使该设施处于良好状态并有效运行。

装卸油类等污染危害性货物的港口、码头、装卸站和船舶应当编制污染应急预案,并配备相应的污染应急设备和器材。

第八十六条　国家海事管理机构组织制定中国籍船舶禁止或者限制安装和使用的有害材料名录。

船舶修造单位或者船舶所有人、经营人或者管理人应当在船上备有有害材料清单,在船舶建造、营运和维修过程中持续更新,并在船舶拆解前提供给从事船舶拆解的单位。

第八十七条　从事船舶拆解的单位,应当采取有效的污染防治措施,在船舶拆解前将船舶污染物减至最小量,对拆解产生的船舶污染物、废弃物和其他有害物质进行安全与环境无害化处置。拆解的船舶部件不得进入水体。

禁止采取冲滩方式进行船舶拆解作业。

第八十八条　国家倡导绿色低碳智能航运,鼓励船舶使用新能源或者清洁能源,淘汰高耗能高排放老旧船舶,减少温室气体和大气污染物的排放。沿海县级以上地方人民政府应当制定港口岸电、船舶受电等设施建设和改造计划,并组织实施。港口岸电设施的供电能力应当与靠港船舶的用电需求相适应。

船舶应当按照国家有关规定采取有效措施提高能效水平。具备岸电使用条件的船舶靠港应当按照国家有关规定使用岸电,但是使用清洁能源的除外。具备岸电供应能力的港口经营人、岸电供电企业应当按照国家有关规定为具备岸电使用条件的船舶提供岸电。

国务院和沿海县级以上地方人民政府对港口岸电设施、船舶受电设施的改造和使用,清洁能源或者新能源动力船舶建造等按照规定给予支持。

第八十九条　船舶及有关作业活动应当遵守有关法律法规和标准,采取有效措施,防止造成海洋环境污染。海事管理机构等应当加强对船舶及有关作业活动的监督管理。

船舶进行散装液体污染危害性货物的过驳作业,应当编制作业方案,采取有效的安全和污染防治措施,并事先按照有关规定报经批准。

第九十条 船舶发生海难事故,造成或者可能造成海洋环境重大污染损害的,国家海事管理机构有权强制采取避免或者减少污染损害的措施。

对在公海上因发生海难事故,造成中华人民共和国管辖海域重大污染损害后果或者具有污染威胁的船舶、海上设施,国家海事管理机构有权采取与实际的或者可能发生的损害相称的必要措施。

第九十一条 所有船舶均有监视海上污染的义务,在发现海上污染事件或者违反本法规定的行为时,应当立即向就近的依照本法规定行使海洋环境监督管理权的部门或者机构报告。

民用航空器发现海上排污或者污染事件,应当及时向就近的民用航空空中交通管制单位报告。接到报告的单位,应当立即向依照本法规定行使海洋环境监督管理权的部门或者机构通报。

第九十二条 国务院交通运输主管部门可以划定船舶污染物排放控制区。进入控制区的船舶应当符合船舶污染物排放相关控制要求。

第八章　法　律　责　任

第九十三条 违反本法规定,有下列行为之一,由依照本法规定行使海洋环境监督管理权的部门或者机构责令改正或者责令采取限制生产、停产整治等措施,并处以罚款;情节严重的,报经有批准权的人民政府批准,责令停业、关闭:

(一)向海域排放本法禁止排放的污染物或者其他物质的;

(二)未依法取得排污许可证排放污染物的;

(三)超过标准、总量控制指标排放污染物的;

(四)通过私设暗管或者篡改、伪造监测数据,或者不正常运行污染防治设施等逃避监管的方式违法向海洋排放污染物的;

（五）违反本法有关船舶压载水和沉积物排放和管理规定的；

（六）其他未依照本法规定向海洋排放污染物、废弃物的。

有前款第一项、第二项行为之一的，处二十万元以上一百万元以下的罚款；有前款第三项行为的，处十万元以上一百万元以下的罚款；有前款第四项行为的，处十万元以上一百万元以下的罚款，情节严重的，吊销排污许可证；有前款第五项、第六项行为之一的，处一万元以上二十万元以下的罚款。个人擅自在岸滩弃置、堆放和处理生活垃圾的，按次处一百元以上一千元以下的罚款。

第九十四条 违反本法规定，有下列行为之一，由依照本法规定行使海洋环境监督管理权的部门或者机构责令改正，处以罚款：

（一）未依法公开排污信息或者弄虚作假的；

（二）因发生事故或者其他突发性事件，造成或者可能造成海洋环境污染、生态破坏事件，未按照规定通报或者报告的；

（三）未按照有关规定制定应急预案并备案，或者未按照有关规定配备应急设备、器材的；

（四）因发生事故或者其他突发性事件，造成或者可能造成海洋环境污染、生态破坏事件，未立即采取有效措施或者逃逸的；

（五）未采取必要应对措施，造成海洋生态灾害危害扩大的。

有前款第一项行为的，处二万元以上二十万元以下的罚款，拒不改正的，责令限制生产、停产整治；有前款第二项行为的，处五万元以上五十万元以下的罚款，对直接负责的主管人员和其他直接责任人员处一万元以上十万元以下的罚款，并可以暂扣或者吊销相关任职资格许可；有前款第三项行为的，处二万元以上二十万元以下的；有前款第四项、第五项行为之一的，处二十万元以上二百万元以下的罚款。

第九十五条 违反本法规定，拒绝、阻挠调查和现场检查，或者在被检查时弄虚作假的，由依照本法规定行使海洋环境监督管理权的部门或者机构责令改正，处五万元以上二十万元以下的罚款；对直接负责的主管人员和其他直接责任人员处二万元以上十万元以下的罚款。

第九十六条　违反本法规定,造成珊瑚礁等海洋生态系统或者自然保护地破坏的,由依照本法规定行使海洋环境监督管理权的部门或者机构责令改正、采取补救措施,处每平方米一千元以上一万元以下的罚款。

第九十七条　违反本法规定,有下列行为之一,由依照本法规定行使海洋环境监督管理权的部门或者机构责令改正,处以罚款:

(一)占用、损害自然岸线的;

(二)在严格保护岸线范围内开采海砂的;

(三)违反本法其他关于海砂、矿产资源规定的。

有前款第一项行为的,处每米五百元以上一万元以下的罚款;有前款第二项行为的,处货值金额二倍以上二十倍以下的罚款,货值金额不足十万元的,处二十万元以上二百万元以下的罚款;有前款第三项行为的,处五万元以上五十万元以下的罚款。

第九十八条　违反本法规定,从事海水养殖活动有下列行为之一,由依照本法规定行使海洋环境监督管理权的部门或者机构责令改正,处二万元以上二十万元以下的罚款;情节严重的,报经有批准权的人民政府批准,责令停业、关闭:

(一)违反禁养区、限养区规定的;

(二)违反养殖规模、养殖密度规定的;

(三)违反投饵、投肥、药物使用规定的;

(四)未按照有关规定对养殖尾水自行监测的。

第九十九条　违反本法规定设置入海排污口的,由生态环境主管部门责令关闭或者拆除,处二万元以上十万元以下的罚款;拒不关闭或者拆除的,强制关闭、拆除,所需费用由违法者承担,处十万元以上五十万元以下的罚款;情节严重的,可以责令停产整治。

违反本法规定,设置入海排污口未备案的,由生态环境主管部门责令改正,处二万元以上十万元以下的罚款。

违反本法规定,入海排污口的责任主体未按照规定开展监控、自动监测的,由生态环境主管部门责令改正,处二万元以上十万元以下的罚款;拒不改正的,可以责令停产整治。

自然资源、渔业等部门和海事管理机构、海警机构、军队生态环境保护部门发现前三款违法行为之一的,应当通报生态环境主管部门。

第一百条 违反本法规定,经中华人民共和国管辖海域,转移危险废物的,由国家海事管理机构责令非法运输该危险废物的船舶退出中华人民共和国管辖海域,处五十万元以上五百万元以下的罚款。

第一百零一条 违反本法规定,建设单位未落实建设项目投资计划有关要求的,由生态环境主管部门责令改正,处五万元以上二十万元以下的罚款;拒不改正的,处二十万元以上一百万元以下的罚款。

违反本法规定,建设单位未依法报批或者报请重新审核环境影响报告书(表),擅自开工建设的,由生态环境主管部门或者海警机构责令其停止建设,根据违法情节和危害后果,处建设项目总投资额百分之一以上百分之五以下的罚款,并可以责令恢复原状;对建设单位直接负责的主管人员和其他直接责任人员,依法给予处分。建设单位未依法备案环境影响登记表的,由生态环境主管部门责令备案,处五万元以下的罚款。

第一百零二条 违反本法规定,在依法划定的自然保护地、重要渔业水域及其他需要特别保护的区域建设污染环境、破坏生态的工程建设项目或者从事其他活动,或者在沿海陆域新建不符合国家产业政策的生产项目的,由县级以上人民政府按照管理权限责令关闭。

违反生态环境准入清单进行生产建设活动的,由依照本法规定行使海洋环境监督管理权的部门或者机构责令停止违法行为,限期拆除并恢复原状,所需费用由违法者承担,处五十万元以上五百万元以下的罚款,对直接负责的主管人员和其他直接责任人员处五万元以上十万元以下的罚款;情节严重的,报经有批准权的人民政府批准,责令关闭。

第一百零三条 违反本法规定,环境保护设施未与主体工程同时设计、同时施工、同时投产使用的,或者环境保护设施未建成、未达到规定要求、未经验收或者经验收不合格即投入生产、使用的,由生态环境主管部门或者海警机构责令改正,处二十万元以上一百万元以下的罚款;拒不改正的,处一百万元以上二百万元以下的罚款;对直接负责的主管人员和其他责任人员处五万元以上二十万元以下的罚款;造成重大环境污染、生态破坏的,责令其停止生产、使用,或者报经有批准权的人民政府批准,责令关闭。

第一百零四条 违反本法规定,工程建设项目有下列行为之一,由依照本法规定行使海洋环境监督管理权的部门或者机构责令其停止违法行为、消除危害,处二十万元以上一百万元以下的罚款;情节严重的,报经有批准权的人民政府批准,责令停业、关闭:

(一)使用含超标准放射性物质或者易溶出有毒有害物质的材料的;

(二)造成领海基点及其周围环境的侵蚀、淤积、损害,或者危及领海基点稳定的。

第一百零五条 违反本法规定进行海洋油气勘探开发活动,造成海洋环境污染的,由海警机构责令改正,给予警告,并处二十万元以上一百万元以下的罚款。

第一百零六条 违反本法规定,有下列行为之一,由国务院生态环境主管部门及其海域派出机构、海事管理机构或者海警机构责令改正,处以罚款,必要时可以扣押船舶;情节严重的,报经有批准权的人民政府批准,责令停业、关闭:

(一)倾倒废弃物的船舶驶出港口未报告的;

(二)未取得倾倒许可证,向海洋倾倒废弃物的;

(三)在海上焚烧废弃物或者处置放射性废物及其他放射性物质的。

有前款第一项行为的,对违法船舶的所有人、经营人或者管理人处三千元以上三万元以下的罚款,对船长、责任船员或者其他责任人员处五百元以上五千元以下的罚款;有前款第二项行为的,处二十万元以上二百万元以下的罚款;有前款第三项行为的,处五十万元以上五百万元以下的罚款。有前款第二项、第三项行为之一,两年内受到行政处罚三次以上的,三年内不得从事废弃物海洋倾倒活动。

第一百零七条 违反本法规定,有下列行为之一,由国务院生态环境主管部门及其海域派出机构、海事管理机构或者海警机构责令改正,处以罚款,暂扣或者吊销倾倒许可证,必要时可以扣押船舶;情节严重的,报经有批准权的人民政府批准,责令停业、关闭:

(一)未按照国家规定报告倾倒情况的;

(二)未按照国家规定安装使用海洋倾废在线监控设备的;

(三)获准倾倒废弃物的单位未依照本法规定委托实施废弃物海洋倾倒作业或者未依照本法规定监督实施的;

(四)未按照倾倒许可证的规定倾倒废弃物的。

有前款第一项行为的,按次处五千元以上二万元以下的罚款;有前款第二项行为的,处二万元以上二十万元以下的罚款;有前款第三项行为的,处三万元以上三十万元以下的罚款;有前款第四项行为的,处二十万元以上一百万元以下的罚款,被吊销倾倒许可证的,三年内不得从事废弃物海洋倾倒活动。

以提供虚假申请材料、欺骗、贿赂等不正当手段申请取得倾倒许可证的,由国务院生态环境主管部门及其海域派出机构依法撤销倾倒许可证,并处二十万元以上五十万元以下的罚款;三年内不得再次申请倾倒许可证。

第一百零八条 违反本法规定,将中华人民共和国境外废弃物运进中华人民共和国管辖海域倾倒的,由海警机构责令改正,根据造成或者可能造成的危害后果,处五十万元以上五百万元以下的罚款。

第一百零九条 违反本法规定,有下列行为之一,由依照本法规定行使海洋环境监督管理权的部门或者机构责令改正,处以罚款:

(一)港口、码头、装卸站、船舶修造拆解单位未按照规定配备或者有效运行船舶污染物、废弃物接收设施,或者船舶的结构、配备的防污设备和器材不符合国家防污规定或者未经检验合格的;

(二)从事船舶污染物、废弃物接收和船舶清舱、洗舱作业活动,不具备相应接收处理能力的;

(三)从事船舶拆解、旧船改装、打捞和其他水上、水下施工作业,造成海洋环境污染损害的;

(四)采取冲滩方式进行船舶拆解作业的。

有前款第一项、第二项行为之一的,处二万元以上三十万元以下的罚款;有前款第三项行为的,处五万元以上二十万元以下的罚款;有前款第四项行为的,处十万元以上一百万元以下的罚款。

第一百一十条 违反本法规定,有下列行为之一,由依照本法规定行使海洋环境监督管理权的部门或者机构责令改正,处以罚款:

(一)未在船上备有有害材料清单,未在船舶建造、营运和维修过程中持续更新有害材料清单,或者未在船舶拆解前将有害材料清单提供给从事船舶拆解单位的;

(二)船舶未持有防污证书、防污文书,或者不按照规定监测、监控,如实记载和保存船舶污染物、压载水和沉积物的排放及操作记录的;

(三)船舶采取措施提高能效水平未达到有关规定的;

(四)进入控制区的船舶不符合船舶污染物排放相关控制要求的;

(五)具备岸电供应能力的港口经营人、岸电供电企业未按照国家规定为具备岸电使用条件的船舶提供岸电的;

（六）具备岸电使用条件的船舶靠港,不按照国家规定使用岸电的。

有前款第一项行为的,处二万元以下的罚款;有前款第二项行为的,处十万元以下的罚款;有前款第三项行为的,处一万元以上十万元以下的罚款;有前款第四项行为的,处三万元以上三十万元以下的罚款;有前款第五项、第六项行为之一的,处一万元以上十万元以下的罚款,情节严重的,处十万元以上五十万元以下的罚款。

第一百一十一条 违反本法规定,有下列行为之一,由依照本法规定行使海洋环境监督管理权的部门或者机构责令改正,处以罚款:

（一）拒报或者谎报船舶载运污染危害性货物申报事项的;

（二）托运人未将托运的污染危害性货物的正式名称、污染危害性以及应当采取的防护措施如实告知承运人的;

（三）托运人交付承运人的污染危害性货物的单证、包装、标志、数量限制不符合对所交付货物的有关规定的;

（四）托运人在托运的普通货物中夹带污染危害性货物或者将污染危害性货物谎报为普通货物的;

（五）需要船舶载运污染危害性不明的货物,未按照有关规定事先进行评估的。

有前款第一项行为的,处五万元以下的罚款;有前款第二项行为的,处五万元以上十万元以下的罚款;有前款第三项、第五项行为之一的,处二万元以上十万元以下的罚款;有前款第四项行为的,处十万元以上二十万元以下的罚款。

第一百一十二条 违反本法规定,有下列行为之一,由依照本法规定行使海洋环境监督管理权的部门或者机构责令改正,处一万元以上五万元以下的罚款:

（一）载运具有污染危害性货物的船舶未经许可进出港口或者装卸作业的;

（二）装卸油类及有毒有害货物的作业，船岸双方未遵守安全防污操作规程的；

（三）船舶进行散装液体污染危害性货物的过驳作业，未编制作业方案或者未按照有关规定报经批准的。

第一百一十三条 企业事业单位和其他生产经营者违反本法规定向海域排放、倾倒、处置污染物、废弃物或者其他物质，受到罚款处罚，被责令改正的，依法作出处罚决定的部门或者机构应当组织复查，发现其继续实施该违法行为或者拒绝、阻挠复查的，依照《中华人民共和国环境保护法》的规定按日连续处罚。

第一百一十四条 对污染海洋环境、破坏海洋生态，造成他人损害的，依照《中华人民共和国民法典》等法律的规定承担民事责任。

对污染海洋环境、破坏海洋生态，给国家造成重大损失的，由依照本法规定行使海洋环境监督管理权的部门代表国家对责任者提出损害赔偿要求。

前款规定的部门不提起诉讼的，人民检察院可以向人民法院提起诉讼。前款规定的部门提起诉讼的，人民检察院可以支持起诉。

第一百一十五条 对违反本法规定，造成海洋环境污染、生态破坏事故的单位，除依法承担赔偿责任外，由依照本法规定行使海洋环境监督管理权的部门或者机构处以罚款；对直接负责的主管人员和其他直接责任人员可以处上一年度从本单位取得收入百分之五十以下的罚款；直接负责的主管人员和其他直接责任人员属于公职人员的，依法给予处分。

对造成一般或者较大海洋环境污染、生态破坏事故的，按照直接损失的百分之二十计算罚款；对造成重大或者特大海洋环境污染、生态破坏事故的，按照直接损失的百分之三十计算罚款。

第一百一十六条 完全属于下列情形之一，经过及时采取合理措施，仍然不能避免对海洋环境造成污染损害的，造成污染损害的有关责任者免予承担责任：

（一）战争；

（二）不可抗拒的自然灾害；

（三）负责灯塔或者其他助航设备的主管部门，在执行职责时的疏忽，或者其他过失行为。

第一百一十七条　未依照本法规定缴纳倾倒费的，由国务院生态环境主管部门及其海域派出机构责令限期缴纳；逾期拒不缴纳的，处应缴纳倾倒费数额一倍以上三倍以下的罚款，并可以报经有批准权的人民政府批准，责令停业、关闭。

第一百一十八条　海洋环境监督管理人员滥用职权、玩忽职守、徇私舞弊，造成海洋环境污染损害、生态破坏的，依法给予处分。

第一百一十九条　违反本法规定，构成违反治安管理行为的，依法给予治安管理处罚；构成犯罪的，依法追究刑事责任。

第九章　附　　则

第一百二十条　本法中下列用语的含义是：

（一）海洋环境污染损害，是指直接或者间接地把物质或者能量引入海洋环境，产生损害海洋生物资源、危害人体健康、妨害渔业和海上其他合法活动、损害海水使用素质和减损环境质量等有害影响。

（二）内水，是指我国领海基线向内陆一侧的所有海域。

（三）沿海陆域，是指与海岸相连，或者通过管道、沟渠、设施，直接或者间接向海洋排放污染物及其相关活动的一带区域。

（四）滨海湿地，是指低潮时水深不超过六米的水域及其沿岸浸湿地带，包括水深不超过六米的永久性水域、潮间带（或者洪泛地带）和沿海低地等，但是用于养殖的人工的水域和滩涂除外。

（五）陆地污染源（简称陆源），是指从陆地向海域排放污染物，造成或者可能造成海洋环境污染的场所、设施等。

（六）陆源污染物，是指由陆地污染源排放的污染物。

（七）倾倒，是指通过船舶、航空器、平台或者其他载运工具，向海洋处置废弃物和其他有害物质的行为，包括弃置船舶、航空器、平台及其辅助设施和其他浮动工具的行为。

（八）海岸线，是指多年大潮平均高潮位时海陆分界痕迹线，以国家组织开展的海岸线修测结果为准。

（九）入海河口，是指河流终端与受水体（海）相结合的地段。

（十）海洋生态灾害，是指受自然环境变化或者人为因素影响，导致一种或者多种海洋生物暴发性增殖或者高度聚集，对海洋生态系统结构和功能造成损害。

（十一）渔业水域，是指鱼虾蟹贝类的产卵场、索饵场、越冬场、洄游通道和鱼虾蟹贝藻类及其他水生动植物的养殖场。

（十二）排放，是指把污染物排入海洋的行为，包括泵出、溢出、泄出、喷出和倒出。

（十三）油类，是指任何类型的油及其炼制品。

（十四）入海排污口，是指直接或者通过管道、沟、渠等排污通道向海洋环境水体排放污水的口门，包括工业排污口、城镇污水处理厂排污口、农业排口及其他排口等类型。

（十五）油性混合物，是指任何含有油份的混合物。

（十六）海上焚烧，是指以热摧毁为目的，在海上焚烧设施上，故意焚烧废弃物或者其他物质的行为，但是船舶、平台或者其他人工构造物正常操作中所附带发生的行为除外。

第一百二十一条 涉及海洋环境监督管理的有关部门的具体职权划分，本法未作规定的，由国务院规定。

沿海县级以上地方人民政府行使海洋环境监督管理权的部门的职责，由省、自治区、直辖市人民政府根据本法及国务院有关规定确定。

第一百二十二条 军事船舶和军事用海环境保护管理办法，

由国务院、中央军事委员会依照本法制定。

第一百二十三条 中华人民共和国缔结或者参加的与海洋环境保护有关的国际条约与本法有不同规定的,适用国际条约的规定;但是,中华人民共和国声明保留的条款除外。

第一百二十四条 本法自 2024 年 1 月 1 日起施行。

中华人民共和国爱国主义教育法

(2023 年 10 月 24 日第十四届全国人民代表大会常务委员会第六次会议通过　2023 年 10 月 24 日中华人民共和国主席令第 13 号公布　自 2024 年 1 月 1 日起施行)

目　　录

第一章　总　　则

第一条 为了加强新时代爱国主义教育,传承和弘扬爱国主义精神,凝聚全面建设社会主义现代化国家、全面推进中华民族伟大复兴的磅礴力量,根据宪法,制定本法。

第二条 中国是世界上历史最悠久的国家之一,中国各族人民共同创造了光辉灿烂的文化、共同缔造了统一的多民族国家。国家在全体人民中开展爱国主义教育,培育和增进对中华民族和

32

伟大祖国的情感,传承民族精神、增强国家观念,壮大和团结一切爱国力量,使爱国主义成为全体人民的坚定信念、精神力量和自觉行动。

第三条　爱国主义教育应当高举中国特色社会主义伟大旗帜,坚持以马克思列宁主义、毛泽东思想、邓小平理论、"三个代表"重要思想、科学发展观、习近平新时代中国特色社会主义思想为指导,坚持爱国和爱党、爱社会主义相统一,以维护国家统一和民族团结为着力点,把全面建成社会主义现代化强国、实现中华民族伟大复兴作为鲜明主题。

第四条　爱国主义教育坚持中国共产党的领导,健全统一领导、齐抓共管、各方参与、共同推进的工作格局。

第五条　爱国主义教育应当坚持思想引领、文化涵育,教育引导、实践养成,主题鲜明、融入日常,因地制宜、注重实效。

第六条　爱国主义教育的主要内容是:

(一)马克思列宁主义、毛泽东思想、邓小平理论、"三个代表"重要思想、科学发展观、习近平新时代中国特色社会主义思想;

(二)中国共产党史、新中国史、改革开放史、社会主义发展史、中华民族发展史;

(三)中国特色社会主义制度,中国共产党带领人民团结奋斗的重大成就、历史经验和生动实践;

(四)中华优秀传统文化、革命文化、社会主义先进文化;

(五)国旗、国歌、国徽等国家象征和标志;

(六)祖国的壮美河山和历史文化遗产;

(七)宪法和法律,国家统一和民族团结、国家安全和国防等方面的意识和观念;

(八)英雄烈士和先进模范人物的事迹及体现的民族精神、时代精神;

(九)其他富有爱国主义精神的内容。

第七条　国家开展铸牢中华民族共同体意识教育,促进各民族交往交流交融,增进对伟大祖国、中华民族、中华文化、中国共产党、中国特色社会主义的认同,构筑中华民族共有精神家园。

第八条 爱国主义教育应当坚持传承和发展中华优秀传统文化,弘扬社会主义核心价值观,推进中国特色社会主义文化建设,坚定文化自信,建设中华民族现代文明。

第九条 爱国主义教育应当把弘扬爱国主义精神与扩大对外开放结合起来,坚持理性、包容、开放,尊重各国历史特点和文化传统,借鉴吸收人类一切优秀文明成果。

第十条 在每年 10 月 1 日中华人民共和国国庆日,国家和社会各方面举行多种形式的庆祝活动,集中开展爱国主义教育。

第二章 职责任务

第十一条 中央爱国主义教育主管部门负责全国爱国主义教育工作的指导、监督和统筹协调。

中央和国家机关各部门在各自职责范围内,组织开展爱国主义教育工作。

第十二条 地方爱国主义教育主管部门负责本地区爱国主义教育工作的指导、监督和统筹协调。

县级以上地方人民政府教育行政部门应当加强对学校爱国主义教育的组织、协调、指导和监督。县级以上地方文化和旅游、新闻出版、广播电视、电影、网信、文物等部门和其他有关部门应当在各自职责范围内,开展爱国主义教育工作。

中国人民解放军、中国人民武装警察部队依照本法和中央军事委员会的有关规定开展爱国主义教育工作,并充分利用自身资源面向社会开展爱国主义教育。

第十三条 工会、共产主义青年团、妇女联合会、工商业联合会、文学艺术界联合会、作家协会、科学技术协会、归国华侨联合会、台湾同胞联谊会、残疾人联合会、青年联合会和其他群团组织,应当发挥各自优势,面向所联系的领域和群体开展爱国主义教育。

第十四条　国家采取多种形式开展法治宣传教育、国家安全和国防教育,增强公民的法治意识、国家安全和国防观念,引导公民自觉履行维护国家统一和民族团结,维护国家安全、荣誉和利益的义务。

第十五条　国家将爱国主义教育纳入国民教育体系。各级各类学校应当将爱国主义教育贯穿学校教育全过程,办好、讲好思想政治理论课,并将爱国主义教育内容融入各类学科和教材中。

各级各类学校和其他教育机构应当按照国家规定建立爱国主义教育相关课程联动机制,针对各年龄段学生特点,确定爱国主义教育的重点内容,采取丰富适宜的教学方式,增强爱国主义教育的针对性、系统性和亲和力、感染力。

第十六条　各级各类学校应当将课堂教学与课外实践和体验相结合,把爱国主义教育内容融入校园文化建设和学校各类主题活动,组织学生参观爱国主义教育基地等场馆设施,参加爱国主义教育校外实践活动。

第十七条　未成年人的父母或者其他监护人应当把热爱祖国融入家庭教育,支持、配合学校开展爱国主义教育教学活动,引导、鼓励未成年人参加爱国主义教育社会活动。

第十八条　国家机关应当加强对公职人员的爱国主义教育,发挥公职人员在忠于国家、为国奉献,维护国家统一、促进民族团结,维护国家安全、荣誉和利益方面的模范带头作用。

第十九条　企业事业单位应当将爱国主义教育列入本单位教育计划,大力弘扬劳模精神、劳动精神、工匠精神,结合经营管理、业务培训、文化体育等活动,开展爱国主义教育。

教育、科技、文化、卫生、体育等事业单位应当大力弘扬科学家精神和专业精神,宣传和培育知识分子、专业技术人员、运动员等胸怀祖国、服务人民、为国争光的爱国情感和爱国行为。

第二十条　基层人民政府和基层群众性自治组织应当把爱国

主义教育融入社会主义精神文明建设活动,在市民公约、村规民约中体现爱国主义精神,鼓励和支持开展以爱国主义为主题的群众性文化、体育等活动。

第二十一条　行业协会商会等社会团体应当把爱国主义精神体现在团体章程、行业规范中,根据本团体本行业特点开展爱国主义教育,培育会员的爱国热情和社会担当,发挥会员中公众人物和有社会影响力人士的示范作用。

第二十二条　国家鼓励和支持宗教团体、宗教院校、宗教活动场所开展爱国主义教育,增强宗教教职人员和信教群众的国家意识、公民意识、法治意识和爱国情感,引导宗教与社会主义社会相适应。

第二十三条　国家采取措施开展历史文化教育和"一国两制"实践教育,增强香港特别行政区同胞、澳门特别行政区同胞的爱国精神,自觉维护国家主权、统一和领土完整。

国家加强对推进祖国统一方针政策的宣传教育,增强包括台湾同胞在内的全中国人民对完成祖国统一大业神圣职责的认识,依法保护台湾同胞的权利和利益,坚决反对"台独"分裂行径,维护中华民族的根本利益。

国家加强与海外侨胞的交流,做好权益保障和服务工作,增进海外侨胞爱国情怀,弘扬爱国传统。

第三章　实 施 措 施

第二十四条　中央和省级爱国主义教育主管部门应当加强对爱国主义教育工作的统筹,指导推动有关部门和单位创新爱国主义教育方式,充分利用各类爱国主义教育资源和平台载体,推进爱国主义教育有效实施。

第二十五条　县级以上人民政府应当加强对红色资源的保护、管理和利用,发掘具有历史价值、纪念意义的红色资源,推动红色旅游融合发展示范区建设,发挥红色资源教育功能,传承爱国主义精神。

县级以上人民政府文化和旅游、住房城乡建设、文物等部门应当加强对文物古迹、传统村落、传统技艺等历史文化遗产的保护和利用,发掘所蕴含的爱国主义精神,推进文化和旅游深度融合发展,引导公民在游览观光中领略壮美河山,感受悠久历史和灿烂文化,激发爱国热情。

第二十六条 爱国主义教育基地应当加强内容建设,丰富展览展示方式,打造精品陈列,为国家机关、企业事业单位、社会组织、公民开展爱国主义教育活动和参观学习提供便利服务,发挥爱国主义教育功能。

各类博物馆、纪念馆、图书馆、科技馆、文化馆、美术馆、新时代文明实践中心等,应当充分利用自身资源和优势,通过宣传展示、体验实践等方式,开展爱国主义教育活动。

第二十七条 国家通过功勋荣誉表彰制度,褒奖在强国建设、民族复兴中做出突出贡献的人士,弘扬以爱国主义为核心的民族精神和以改革创新为核心的时代精神。

第二十八条 在中国人民抗日战争胜利纪念日、烈士纪念日、南京大屠杀死难者国家公祭日和其他重要纪念日,县级以上人民政府应当组织开展纪念活动,举行敬献花篮、瞻仰纪念设施、祭扫烈士墓、公祭等纪念仪式。

第二十九条 在春节、元宵节、清明节、端午节、中秋节和元旦、国际妇女节、国际劳动节、青年节、国际儿童节、中国农民丰收节及其他重要节日,组织开展各具特色的民俗文化活动、纪念庆祝活动,增进家国情怀。

第三十条 组织举办重大庆祝、纪念活动和大型文化体育活动、展览会,应当依法举行庄严、隆重的升挂国旗、奏唱国歌仪式。

依法公开举行宪法宣誓、军人和预备役人员服役宣誓等仪式时,应当在宣誓场所悬挂国旗、奏唱国歌,誓词应当体现爱国主义精神。

第三十一条　广播电台、电视台、报刊出版单位等应当创新宣传报道方式,通过制作、播放、刊登爱国主义题材的优秀作品,开设专题专栏,加强新闻报道,发布公益广告等方式,生动讲好爱国故事,弘扬爱国主义精神。

第三十二条　网络信息服务提供者应当加强网络爱国主义教育内容建设,制作、传播体现爱国主义精神的网络信息和作品,开发、运用新平台新技术新产品,生动开展网上爱国主义教育活动。

第四章　支持保障

第三十三条　国家鼓励和支持企业事业单位、社会组织和公民依法开展爱国主义教育活动。

国家支持开展爱国主义教育理论研究,加强多层次专业人才的教育和培训。

对在爱国主义教育工作中做出突出贡献的单位和个人,按照国家有关规定给予表彰和奖励。

第三十四条　中央爱国主义教育主管部门建立健全爱国主义教育基地的认定、保护、管理制度,制定爱国主义教育基地保护利用规划,加强对爱国主义教育基地保护、管理、利用的指导和监督。

各级人民政府应当加强对爱国主义教育基地的规划、建设和管理,完善免费开放制度和保障机制。

第三十五条　国家鼓励和支持创作爱国主义题材的文学、影视、音乐、舞蹈、戏剧、美术、书法等文艺作品,在优秀文艺作品评选、表彰、展览、展演时突出爱国主义导向。

第三十六条　国家鼓励和支持出版体现爱国主义精神的优秀课外读物,鼓励和支持开发体现爱国主义精神的面向青少年和儿童的动漫、音视频产品等。

第三十七条　任何公民和组织都应当弘扬爱国主义精神,自

觉维护国家安全、荣誉和利益,不得有下列行为:

(一)侮辱国旗、国歌、国徽或者其他有损国旗、国歌、国徽尊严的行为;

(二)歪曲、丑化、亵渎、否定英雄烈士事迹和精神;

(三)宣扬、美化、否认侵略战争、侵略行为和屠杀惨案;

(四)侵占、破坏、污损爱国主义教育设施;

(五)法律、行政法规禁止的其他行为。

第三十八条　教育、文化和旅游、退役军人事务、新闻出版、广播电视、电影、网信、文物等部门应当按照法定职责,对违反本法第三十七条规定的行为及时予以制止,造成不良社会影响的,应当责令及时消除影响,并依照有关法律、行政法规的规定予以处罚。构成违反治安管理行为的,依法给予治安管理处罚;构成犯罪的,依法追究刑事责任。

第三十九条　负有爱国主义教育职责的部门、单位不依法履行爱国主义教育职责的,对负有责任的领导人员和直接责任人员,依法给予处分。

第五章　附　　则

第四十条　本法自 2024 年 1 月 1 日起施行。

有关法律问题的决定

第十四届全国人民代表大会常务委员会
关于授权国务院提前下达部分新增
地方政府债务限额的决定

（2023 年 10 月 24 日第十四届全国人民代表大会常务委员会第六次会议通过）

为了加快地方政府债券发行使用进度，保障重点领域重大项目资金需求，发挥政府债券资金对稳投资、扩内需、补短板的重要作用，推动经济运行持续健康发展，第十四届全国人民代表大会常务委员会第六次会议决定：授权国务院在授权期限内，在当年新增地方政府债务限额（包括一般债务限额和专项债务限额）的 60% 以内，提前下达下一年度新增地方政府债务限额。授权期限为决定公布之日至 2027 年 12 月 31 日。

按照党中央决策部署，根据经济形势和宏观调控需要，国务院在每年第四季度确定并提前下达下一年度部分新增地方政府债务限额的具体额度。提前下达的分省、自治区、直辖市的情况，及时报全国人民代表大会常务委员会备案。

各省、自治区、直辖市人民政府按照国务院批准的提前下达的新增政府债务限额编制预算，经本级人民代表大会批准后执行，并及时向下级人民政府下达新增政府债务限额。下级人民政府依照经批准的限额提出本地区当年政府债务举借和使用计划，列入预算调整方案，报本级人民代表大会常务委员会批准，报省级政府备案并由省级政府代为举借。

在每年国务院提请全国人民代表大会审查批准的预算报告和草案中,应当报告和反映提前下达部分新增地方政府债务限额的规模和分省、自治区、直辖市下达的情况。预算报告和草案经全国人民代表大会批准后,国务院及时将批准的地方政府债务限额下达各省、自治区、直辖市,地方政府新增债务规模应当按照批准的预算执行。

国务院应当进一步健全完善地方政府债务管理制度,采取有效措施,统筹发展和安全,确保地方政府债务余额不得突破批准的限额,防范和化解地方政府债务风险,更好发挥政府债务对经济社会发展的重要作用。国务院地方政府债务主管部门及相关部门要督促地方加强项目储备和前期论证,优化项目申报、审批流程,保证审批质量,提升审批效率,确保地方政府债券发行后,资金及时使用,提高资金使用绩效。

本决定自公布之日起施行。

未成年人网络保护条例

（2023 年 9 月 20 日国务院第 15 次常务会议通过
2023 年 10 月 16 日中华人民共和国国务院令第 766 号公
布 自 2024 年 1 月 1 日起施行）

第一章 总 则

第一条 为了营造有利于未成年人身心健康的网络环境,保障未成年人合法权益,根据《中华人民共和国未成年人保护法》、《中华人民共和国网络安全法》、《中华人民共和国个人信息保护法》等法律,制定本条例。

第二条 未成年人网络保护工作应当坚持中国共产党的领导,坚持以社会主义核心价值观为引领,坚持最有利于未成年人的原则,适应未成年人身心健康发展和网络空间的规律和特点,实行社会共治。

第三条 国家网信部门负责统筹协调未成年人网络保护工作,并依据职责做好未成年人网络保护工作。

国家新闻出版、电影部门和国务院教育、电信、公安、民政、文化和旅游、卫生健康、市场监督管理、广播电视等有关部门依据各自职责做好未成年人网络保护工作。

县级以上地方人民政府及其有关部门依据各自职责做好未成年人网络保护工作。

第四条 共产主义青年团、妇女联合会、工会、残疾人联合会、

42

关心下一代工作委员会、青年联合会、学生联合会、少年先锋队以及其他人民团体、有关社会组织、基层群众性自治组织,协助有关部门做好未成年人网络保护工作,维护未成年人合法权益。

第五条 学校、家庭应当教育引导未成年人参加有益身心健康的活动,科学、文明、安全、合理使用网络,预防和干预未成年人沉迷网络。

第六条 网络产品和服务提供者、个人信息处理者、智能终端产品制造者和销售者应当遵守法律、行政法规和国家有关规定,尊重社会公德,遵守商业道德,诚实信用,履行未成年人网络保护义务,承担社会责任。

第七条 网络产品和服务提供者、个人信息处理者、智能终端产品制造者和销售者应当接受政府和社会的监督,配合有关部门依法实施涉及未成年人网络保护工作的监督检查,建立便捷、合理、有效的投诉、举报渠道,通过显著方式公布投诉、举报途径和方法,及时受理并处理公众投诉、举报。

第八条 任何组织和个人发现违反本条例规定的,可以向网信、新闻出版、电影、教育、电信、公安、民政、文化和旅游、卫生健康、市场监督管理、广播电视等有关部门投诉、举报。收到投诉、举报的部门应当及时依法作出处理;不属于本部门职责的,应当及时移送有权处理的部门。

第九条 网络相关行业组织应当加强行业自律,制定未成年人网络保护相关行业规范,指导会员履行未成年人网络保护义务,加强对未成年人的网络保护。

第十条 新闻媒体应当通过新闻报道、专题栏目(节目)、公益广告等方式,开展未成年人网络保护法律法规、政策措施、典型案例和有关知识的宣传,对侵犯未成年人合法权益的行为进行舆论监督,引导全社会共同参与未成年人网络保护。

第十一条 国家鼓励和支持在未成年人网络保护领域加强科学研究和人才培养,开展国际交流与合作。

第十二条　对在未成年人网络保护工作中作出突出贡献的组织和个人,按照国家有关规定给予表彰和奖励。

第二章　网络素养促进

第十三条　国务院教育部门应当将网络素养教育纳入学校素质教育内容,并会同国家网信部门制定未成年人网络素养测评指标。

教育部门应当指导、支持学校开展未成年人网络素养教育,围绕网络道德意识形成、网络法治观念培养、网络使用能力建设、人身财产安全保护等,培育未成年人网络安全意识、文明素养、行为习惯和防护技能。

第十四条　县级以上人民政府应当科学规划、合理布局,促进公益性上网服务均衡协调发展,加强提供公益性上网服务的公共文化设施建设,改善未成年人上网条件。

县级以上地方人民政府应当通过为中小学校配备具有相应专业能力的指导教师、政府购买服务或者鼓励中小学校自行采购相关服务等方式,为学生提供优质的网络素养教育课程。

第十五条　学校、社区、图书馆、文化馆、青少年宫等场所为未成年人提供互联网上网服务设施的,应当通过安排专业人员、招募志愿者等方式,以及安装未成年人网络保护软件或者采取其他安全保护技术措施,为未成年人提供上网指导和安全、健康的上网环境。

第十六条　学校应当将提高学生网络素养等内容纳入教育教学活动,并合理使用网络开展教学活动,建立健全学生在校期间上网的管理制度,依法规范管理未成年学生带入学校的智能终端产品,帮助学生养成良好上网习惯,培养学生网络安全和网络法治意识,增强学生对网络信息的获取和分析判断能力。

第十七条　未成年人的监护人应当加强家庭家教家风建设,

提高自身网络素养,规范自身使用网络的行为,加强对未成年人使用网络行为的教育、示范、引导和监督。

第十八条 国家鼓励和支持研发、生产和使用专门以未成年人为服务对象、适应未成年人身心健康发展规律和特点的网络保护软件、智能终端产品和未成年人模式、未成年人专区等网络技术、产品、服务,加强网络无障碍环境建设和改造,促进未成年人开阔眼界、陶冶情操、提高素质。

第十九条 未成年人网络保护软件、专门供未成年人使用的智能终端产品应当具有有效识别违法信息和可能影响未成年人身心健康的信息、保护未成年人个人信息权益、预防未成年人沉迷网络、便于监护人履行监护职责等功能。

国家网信部门会同国务院有关部门根据未成年人网络保护工作的需要,明确未成年人网络保护软件、专门供未成年人使用的智能终端产品的相关技术标准或者要求,指导监督网络相关行业组织按照有关技术标准和要求对未成年人网络保护软件、专门供未成年人使用的智能终端产品的使用效果进行评估。

智能终端产品制造者应当在产品出厂前安装未成年人网络保护软件,或者采用显著方式告知用户安装渠道和方法。智能终端产品销售者在产品销售前应当采用显著方式告知用户安装未成年人网络保护软件的情况以及安装渠道和方法。

未成年人的监护人应当合理使用并指导未成年人使用网络保护软件、智能终端产品等,创造良好的网络使用家庭环境。

第二十条 未成年人用户数量巨大或者对未成年人群体具有显著影响的网络平台服务提供者,应当履行下列义务:

(一)在网络平台服务的设计、研发、运营等阶段,充分考虑未成年人身心健康发展特点,定期开展未成年人网络保护影响评估;

(二)提供未成年人模式或者未成年人专区等,便利未成年人获取有益身心健康的平台内产品或者服务;

(三)按照国家规定建立健全未成年人网络保护合规制度体

系,成立主要由外部成员组成的独立机构,对未成年人网络保护情况进行监督;

(四)遵循公开、公平、公正的原则,制定专门的平台规则,明确平台内产品或者服务提供者的未成年人网络保护义务,并以显著方式提示未成年人用户依法享有的网络保护权利和遭受网络侵害的救济途径;

(五)对违反法律、行政法规严重侵害未成年人身心健康或者侵犯未成年人其他合法权益的平台内产品或者服务提供者,停止提供服务;

(六)每年发布专门的未成年人网络保护社会责任报告,并接受社会监督。

前款所称的未成年人用户数量巨大或者对未成年人群体具有显著影响的网络平台服务提供者的具体认定办法,由国家网信部门会同有关部门另行制定。

第三章　网络信息内容规范

第二十一条　国家鼓励和支持制作、复制、发布、传播弘扬社会主义核心价值观和社会主义先进文化、革命文化、中华优秀传统文化,铸牢中华民族共同体意识,培养未成年人家国情怀和良好品德,引导未成年人养成良好生活习惯和行为习惯等的网络信息,营造有利于未成年人健康成长的清朗网络空间和良好网络生态。

第二十二条　任何组织和个人不得制作、复制、发布、传播含有宣扬淫秽、色情、暴力、邪教、迷信、赌博、引诱自残自杀、恐怖主义、分裂主义、极端主义等危害未成年人身心健康内容的网络信息。

任何组织和个人不得制作、复制、发布、传播或者持有有关未成年人的淫秽色情网络信息。

第二十三条　网络产品和服务中含有可能引发或者诱导未成

年人模仿不安全行为、实施违反社会公德行为、产生极端情绪、养成不良嗜好等可能影响未成年人身心健康的信息的,制作、复制、发布、传播该信息的组织和个人应当在信息展示前予以显著提示。

国家网信部门会同国家新闻出版、电影部门和国务院教育、电信、公安、文化和旅游、广播电视等部门,在前款规定基础上确定可能影响未成年人身心健康的信息的具体种类、范围、判断标准和提示办法。

第二十四条 任何组织和个人不得在专门以未成年人为服务对象的网络产品和服务中制作、复制、发布、传播本条例第二十三条第一款规定的可能影响未成年人身心健康的信息。

网络产品和服务提供者不得在首页首屏、弹窗、热搜等处于产品或者服务醒目位置、易引起用户关注的重点环节呈现本条例第二十三条第一款规定的可能影响未成年人身心健康的信息。

网络产品和服务提供者不得通过自动化决策方式向未成年人进行商业营销。

第二十五条 任何组织和个人不得向未成年人发送、推送或者诱骗、强迫未成年人接触含有危害或者可能影响未成年人身心健康内容的网络信息。

第二十六条 任何组织和个人不得通过网络以文字、图片、音视频等形式,对未成年人实施侮辱、诽谤、威胁或者恶意损害形象等网络欺凌行为。

网络产品和服务提供者应当建立健全网络欺凌行为的预警预防、识别监测和处置机制,设置便利未成年人及其监护人保存遭受网络欺凌记录、行使通知权利的功能、渠道,提供便利未成年人设置屏蔽陌生用户、本人发布信息可见范围、禁止转载或者评论本人发布信息、禁止向本人发送信息等网络欺凌信息防护选项。

网络产品和服务提供者应当建立健全网络欺凌信息特征库,优化相关算法模型,采用人工智能、大数据等技术手段和人工审核相结合的方式加强对网络欺凌信息的识别监测。

第二十七条　任何组织和个人不得通过网络以文字、图片、音视频等形式,组织、教唆、胁迫、引诱、欺骗、帮助未成年人实施违法犯罪行为。

第二十八条　以未成年人为服务对象的在线教育网络产品和服务提供者,应当按照法律、行政法规和国家有关规定,根据不同年龄阶段未成年人身心发展特点和认知能力提供相应的产品和服务。

第二十九条　网络产品和服务提供者应当加强对用户发布信息的管理,采取有效措施防止制作、复制、发布、传播违反本条例第二十二条、第二十四条、第二十五条、第二十六条第一款、第二十七条规定的信息,发现违反上述条款规定的信息的,应当立即停止传输相关信息,采取删除、屏蔽、断开链接等处置措施,防止信息扩散,保存有关记录,向网信、公安等部门报告,并对制作、复制、发布、传播上述信息的用户采取警示、限制功能、暂停服务、关闭账号等处置措施。

网络产品和服务提供者发现用户发布、传播本条例第二十三条第一款规定的信息未予显著提示的,应当作出提示或者通知用户予以提示;未作出提示的,不得传输该信息。

第三十条　国家网信、新闻出版、电影部门和国务院教育、电信、公安、文化和旅游、广播电视等部门发现违反本条例第二十二条、第二十四条、第二十五条、第二十六条第一款、第二十七条规定的信息的,或者发现本条例第二十三条第一款规定的信息未予显著提示的,应当要求网络产品和服务提供者按照本条例第二十九条的规定予以处理;对来源于境外的上述信息,应当依法通知有关机构采取技术措施和其他必要措施阻断传播。

第四章　个人信息网络保护

第三十一条　网络服务提供者为未成年人提供信息发布、即时通讯等服务的,应当依法要求未成年人或者其监护人提供未成年人真实身份信息。未成年人或者其监护人不提供未成年人真实身份信息的,网络服务提供者不得为未成年人提供相关服务。

网络直播服务提供者应当建立网络直播发布者真实身份信息动态核验机制,不得向不符合法律规定情形的未成年人用户提供网络直播发布服务。

第三十二条 个人信息处理者应当严格遵守国家网信部门和有关部门关于网络产品和服务必要个人信息范围的规定,不得强制要求未成年人或者其监护人同意非必要的个人信息处理行为,不得因为未成年人或者其监护人不同意处理未成年人非必要个人信息或者撤回同意,拒绝未成年人使用其基本功能服务。

第三十三条 未成年人的监护人应当教育引导未成年人增强个人信息保护意识和能力、掌握个人信息范围、了解个人信息安全风险,指导未成年人行使其在个人信息处理活动中的查阅、复制、更正、补充、删除等权利,保护未成年人个人信息权益。

第三十四条 未成年人或者其监护人依法请求查阅、复制、更正、补充、删除未成年人个人信息的,个人信息处理者应当遵守以下规定:

(一)提供便捷的支持未成年人或者其监护人查阅未成年人个人信息种类、数量等的方法和途径,不得对未成年人或者其监护人的合理请求进行限制;

(二)提供便捷的支持未成年人或者其监护人复制、更正、补充、删除未成年人个人信息的功能,不得设置不合理条件;

(三)及时受理并处理未成年人或者其监护人查阅、复制、更正、补充、删除未成年人个人信息的申请,拒绝未成年人或者其监护人行使权利的请求的,应当书面告知申请人并说明理由。

对未成年人或者其监护人依法提出的转移未成年人个人信息的请求,符合国家网信部门规定条件的,个人信息处理者应当提供转移的途径。

第三十五条　发生或者可能发生未成年人个人信息泄露、篡改、丢失的,个人信息处理者应当立即启动个人信息安全事件应急预案,采取补救措施,及时向网信等部门报告,并按照国家有关规定将事件情况以邮件、信函、电话、信息推送等方式告知受影响的未成年人及其监护人。

个人信息处理者难以逐一告知的,应当采取合理、有效的方式及时发布相关警示信息,法律、行政法规另有规定的除外。

第三十六条　个人信息处理者对其工作人员应当以最小授权为原则,严格设定信息访问权限,控制未成年人个人信息知悉范围。工作人员访问未成年人个人信息的,应当经过相关负责人或者其授权的管理人员审批,记录访问情况,并采取技术措施,避免违法处理未成年人个人信息。

第三十七条　个人信息处理者应当自行或者委托专业机构每年对其处理未成年人个人信息遵守法律、行政法规的情况进行合规审计,并将审计情况及时报告网信等部门。

第三十八条　网络服务提供者发现未成年人私密信息或者未成年人通过网络发布的个人信息中涉及私密信息的,应当及时提示,并采取停止传输等必要保护措施,防止信息扩散。

网络服务提供者通过未成年人私密信息发现未成年人可能遭受侵害的,应当立即采取必要措施保存有关记录,并向公安机关报告。

第五章　网络沉迷防治

第三十九条　对未成年人沉迷网络进行预防和干预,应当遵守法律、行政法规和国家有关规定。

教育、卫生健康、市场监督管理等部门依据各自职责对从事未成年人沉迷网络预防和干预活动的机构实施监督管理。

第四十条　学校应当加强对教师的指导和培训,提高教师对未成年学生沉迷网络的早期识别和干预能力。对于有沉迷网络倾向的未成年学生,学校应当及时告知其监护人,共同对未成年学生进行教育和引导,帮助其恢复正常的学习生活。

第四十一条 未成年人的监护人应当指导未成年人安全合理使用网络,关注未成年人上网情况以及相关生理状况、心理状况、行为习惯,防范未成年人接触危害或者可能影响其身心健康的网络信息,合理安排未成年人使用网络的时间,预防和干预未成年人沉迷网络。

第四十二条 网络产品和服务提供者应当建立健全防沉迷制度,不得向未成年人提供诱导其沉迷的产品和服务,及时修改可能造成未成年人沉迷的内容、功能和规则,并每年向社会公布防沉迷工作情况,接受社会监督。

第四十三条 网络游戏、网络直播、网络音视频、网络社交等网络服务提供者应当针对不同年龄阶段未成年人使用其服务的特点,坚持融合、友好、实用、有效的原则,设置未成年人模式,在使用时段、时长、功能和内容等方面按照国家有关规定和标准提供相应的服务,并以醒目便捷的方式为监护人履行监护职责提供时间管理、权限管理、消费管理等功能。

第四十四条 网络游戏、网络直播、网络音视频、网络社交等网络服务提供者应当采取措施,合理限制不同年龄阶段未成年人在使用其服务中的单次消费数额和单日累计消费数额,不得向未成年人提供与其民事行为能力不符的付费服务。

第四十五条 网络游戏、网络直播、网络音视频、网络社交等网络服务提供者应当采取措施,防范和抵制流量至上等不良价值倾向,不得设置以应援集资、投票打榜、刷量控评等为主题的网络社区、群组、话题,不得诱导未成年人参与应援集资、投票打榜、刷量控评等网络活动,并预防和制止其用户诱导未成年人实施上述行为。

第四十六条 网络游戏服务提供者应当通过统一的未成年人

网络游戏电子身份认证系统等必要手段验证未成年人用户真实身份信息。

网络产品和服务提供者不得为未成年人提供游戏账号租售服务。

第四十七条 网络游戏服务提供者应当建立、完善预防未成年人沉迷网络的游戏规则,避免未成年人接触可能影响其身心健康的游戏内容或者游戏功能。

网络游戏服务提供者应当落实适龄提示要求,根据不同年龄阶段未成年人身心发展特点和认知能力,通过评估游戏产品的类型、内容与功能等要素,对游戏产品进行分类,明确游戏产品适合的未成年人用户年龄阶段,并在用户下载、注册、登录界面等位置予以显著提示。

第四十八条 新闻出版、教育、卫生健康、文化和旅游、广播电视、网信等部门应当定期开展预防未成年人沉迷网络的宣传教育,监督检查网络产品和服务提供者履行预防未成年人沉迷网络义务的情况,指导家庭、学校、社会组织互相配合,采取科学、合理的方式对未成年人沉迷网络进行预防和干预。

国家新闻出版部门牵头组织开展未成年人沉迷网络游戏防治工作,会同有关部门制定关于向未成年人提供网络游戏服务的时段、时长、消费上限等管理规定。

卫生健康、教育等部门依据各自职责指导有关医疗卫生机构、高等学校等,开展未成年人沉迷网络所致精神障碍和心理行为问题的基础研究和筛查评估、诊断、预防、干预等应用研究。

第四十九条 严禁任何组织和个人以虐待、胁迫等侵害未成年人身心健康的方式干预未成年人沉迷网络、侵犯未成年人合法权益。

第六章　法　律　责　任

第五十条 地方各级人民政府和县级以上有关部门违反本条

例规定,不履行未成年人网络保护职责的,由其上级机关责令改正;拒不改正或者情节严重的,对负有责任的领导人员和直接责任人员依法给予处分。

第五十一条　学校、社区、图书馆、文化馆、青少年宫等违反本条例规定,不履行未成年人网络保护职责的,由教育、文化和旅游等部门依据各自职责责令改正;拒不改正或者情节严重的,对负有责任的领导人员和直接责任人员依法给予处分。

第五十二条　未成年人的监护人不履行本条例规定的监护职责或者侵犯未成年人合法权益的,由未成年人居住地的居民委员会、村民委员会、妇女联合会,监护人所在单位,中小学校、幼儿园等有关密切接触未成年人的单位依法予以批评教育、劝诫制止、督促其接受家庭教育指导等。

第五十三条　违反本条例第七条、第十九条第三款、第三十八条第二款规定的,由网信、新闻出版、电影、教育、电信、公安、民政、文化和旅游、市场监督管理、广播电视等部门依据各自职责责令改正;拒不改正或者情节严重的,处 5 万元以上 50 万元以下罚款,对直接负责的主管人员和其他直接责任人员处 1 万元以上 10 万元以下罚款。

第五十四条　违反本条例第二十条第一款规定的,由网信、新闻出版、电信、公安、文化和旅游、广播电视等部门依据各自职责责令改正,给予警告,没收违法所得;拒不改正的,并处 100 万元以下罚款,对直接负责的主管人员和其他直接责任人员处 1 万元以上 10 万元以下罚款。

违反本条例第二十条第一款第一项和第五项规定,情节严重的,由省级以上网信、新闻出版、电信、公安、文化和旅游、广播电视等部门依据各自职责责令改正,没收违法所得,并处 5000 万元以下或者上一年度营业额百分之五以下罚款,并可以责令暂停相关业务或者停业整顿、通报有关部门依法吊销相关业务许可证或者吊销营业执照;对直接负责的主管人员和其他直接责任人员处 10

万元以上 100 万元以下罚款,并可以决定禁止其在一定期限内担任相关企业的董事、监事、高级管理人员和未成年人保护负责人。

第五十五条 违反本条例第二十四条、第二十五条规定的,由网信、新闻出版、电影、电信、公安、文化和旅游、市场监督管理、广播电视等部门依据各自职责责令限期改正,给予警告,没收违法所得,可以并处 10 万元以下罚款;拒不改正或者情节严重的,责令暂停相关业务、停产停业或者吊销相关业务许可证、吊销营业执照,违法所得 100 万元以上的,并处违法所得 1 倍以上 10 倍以下罚款,没有违法所得或者违法所得不足 100 万元的,并处 10 万元以上 100 万元以下罚款。

第五十六条 违反本条例第二十六条第二款和第三款、第二十八条、第二十九条第一款、第三十一条第二款、第三十六条、第三十八条第一款、第四十二条至第四十五条、第四十六条第二款、第四十七条规定的,由网信、新闻出版、电影、教育、电信、公安、文化和旅游、广播电视等部门依据各自职责责令改正,给予警告,没收违法所得,违法所得 100 万元以上的,并处违法所得 1 倍以上 10 倍以下罚款,没有违法所得或者违法所得不足 100 万元的,并处 10 万元以上 100 万元以下罚款,对直接负责的主管人员和其他直接责任人员处 1 万元以上 10 万元以下罚款;拒不改正或者情节严重的,并可以责令暂停相关业务、停业整顿、关闭网站、吊销相关业务许可证或者吊销营业执照。

第五十七条 网络产品和服务提供者违反本条例规定,受到关闭网站、吊销相关业务许可证或者吊销营业执照处罚的,5 年内不得重新申请相关许可,其直接负责的主管人员和其他直接责任人员 5 年内不得从事同类网络产品和服务业务。

第五十八条 违反本条例规定,侵犯未成年人合法权益,给未成年人造成损害的,依法承担民事责任;构成违反治安管理行为的,依法给予治安管理处罚;构成犯罪的,依法追究刑事责任。

第七章　附　　则

第五十九条　本条例所称智能终端产品,是指可以接入网络、具有操作系统、能够由用户自行安装应用软件的手机、计算机等网络终端产品。

第六十条　本条例自 2024 年 1 月 1 日起施行。

国务院关于推进普惠金融高质量发展的实施意见

（2023 年 9 月 25 日　国发〔2023〕15 号）

近年来，各地区、各部门认真贯彻落实党中央、国务院决策部署，推动我国普惠金融发展取得长足进步，金融服务覆盖率、可得性、满意度明显提高，基本实现乡乡有机构、村村有服务、家家有账户，移动支付、数字信贷等业务迅速发展，小微企业、"三农"等领域金融服务水平不断提升。新形势下，普惠金融发展仍面临诸多问题和挑战，与全面建设社会主义现代化国家的目标要求还存在较大差距。为构建高水平普惠金融体系，进一步推进普惠金融高质量发展，现提出如下意见。

一、总体要求

（一）指导思想

以习近平新时代中国特色社会主义思想为指导，深入贯彻党的二十大精神，认真落实党中央、国务院决策部署，牢牢把握金融工作的政治性和人民性，完整、准确、全面贯彻新发展理念，深化金融供给侧结构性改革，推进普惠金融高质量发展，提升服务实体经济能力，防范化解各类金融风险，促进全体人民共同富裕。

（二）基本原则

——坚持党的领导。坚持加强党的全面领导和党中央集中统一领导，充分发挥中国特色社会主义制度优势，进一步发挥各级党组织的作用，为普惠金融高质量发展提供坚强的政治保证和组织保障。

——坚持人民至上。牢固树立以人民为中心的发展思想,坚持普惠金融发展为了人民、依靠人民、成果由人民共享。始终把人民对美好生活的向往作为普惠金融发展的方向,自觉担当惠民利民的责任和使命,切实增强人民群众金融服务获得感。

——坚持政策引领。进一步明确各级政府责任,加强规划引导,加大政策、资源倾斜力度。坚持依法行政,优化营商环境,维护市场秩序。完善基础设施、制度规则和基层治理,推进普惠金融治理能力现代化。

——坚持改革创新。坚持市场化、法治化原则,遵循金融规律,积极稳妥探索成本可负担、商业可持续的普惠金融发展模式。持续深化改革,破除机制障碍,强化科技赋能。加强国际交流合作,以高水平开放推动高质量发展。

——坚持安全发展。坚持底线思维,统筹发展和安全,加强和完善现代金融监管。坚决打击非法金融活动,着力防范化解中小金融机构风险,强化金融稳定保障体系,守住不发生系统性金融风险底线。倡导负责任金融理念,切实保护金融消费者合法权益。

(三)主要目标

未来五年,高质量的普惠金融体系基本建成。重点领域金融服务可得性实现新提升,普惠金融供给侧结构性改革迈出新步伐,金融基础设施和发展环境得到新改善,防范化解金融风险取得新成效,普惠金融促进共同富裕迈上新台阶。

——基础金融服务更加普及。银行业持续巩固乡乡有机构、村村有服务,保险服务基本实现乡镇全覆盖。基础金融服务的效率和保障能力显著提升,数字化服务水平明显提高。

——经营主体融资更加便利。小微企业、个体工商户、农户及新型农业经营主体等融资可得性持续提高,信贷产品体系更加丰富,授信户数大幅增长,敢贷、愿贷、能贷、会贷的长效机制基本构建。小微企业直接融资占比明显提高,金融支持小微企业科技创新力度进一步加大。金融服务现代化产业体系能力不断增强。

——金融支持乡村振兴更加有力。农村金融服务体系更加健全。金融支持农村基础设施和公共服务的力度持续加大。农业转移人口等新市民金融服务不断深化。三大粮食作物农业保险覆盖率和保障水平进一步提升。新型农业经营主体基本实现信用建档评级全覆盖。脱贫人口小额信贷对符合条件的脱贫户应贷尽贷，助力巩固拓展脱贫攻坚成果同乡村振兴有效衔接。

——金融消费者教育和保护机制更加健全。金融知识普及程度显著提高，人民群众和经营主体选择适配金融产品的能力和风险责任意识明显增强。数字普惠金融产品的易用性、安全性、适老性持续提升，"数字鸿沟"问题进一步缓解。金融消费者权益保护体系更加完善，侵害金融消费者权益行为得到及时查处。

——金融风险防控更加有效。中小金融机构等重点机构和重点领域风险防控能力持续提升，风险监测预警和化解处置机制不断完善。数字平台风险得到有效识别和防控。非法金融活动得到有力遏制。金融稳定保障机制进一步完善。

——普惠金融配套机制更加完善。普惠金融基础平台的包容性和透明度不断提升，重点领域信用信息共享平台基本建成。配套法律制度体系进一步完善，诚信履约的信用环境基本形成，风险分担补偿机制逐步优化。普惠金融高质量发展评价指标体系基本健全。

二、优化普惠金融重点领域产品服务

（四）支持小微经营主体可持续发展。鼓励金融机构开发符合小微企业、个体工商户生产经营特点和发展需求的产品和服务，加大首贷、续贷、信用贷、中长期贷款投放。建立完善金融服务小微企业科技创新的专业化机制，加大对专精特新、战略性新兴产业小微企业的支持力度。优化制造业小微企业金融服务，加强对设备更新和技术改造的资金支持。强化对流通领域小微企业的金融支持。规范发展小微企业供应链票据、应收账款、存货、仓单和订单融资等业务。拓展小微企业知识产权质押融资服务。鼓励开展贸易融资、出口信用保险业务,加大对小微外贸企业的支持力度。

(五)助力乡村振兴国家战略有效实施。健全农村金融服务体系。做好过渡期内脱贫人口小额信贷工作,加大对国家乡村振兴重点帮扶县的信贷投放和保险保障力度,助力增强脱贫地区和脱贫群众内生发展动力。加强对乡村产业发展、文化繁荣、生态保护、城乡融合等领域的金融支持。提高对农户、返乡入乡群体、新型农业经营主体的金融服务水平,有效满足农业转移人口等新市民的金融需求,持续增加首贷户。加大对粮食生产各个环节、各类主体的金融保障力度。强化对农业农村基础设施建设的中长期信贷支持。拓宽涉农主体融资渠道,稳妥推广农村承包土地经营权、集体经营性建设用地使用权和林权抵押贷款。积极探索开展禽畜活体、养殖圈舍、农机具、大棚设施等涉农资产抵押贷款。发展农业供应链金融,重点支持县域优势特色产业。

(六)提升民生领域金融服务质量。改革完善社会领域投融资体制,加快推进社会事业补短板。落实好创业担保贷款政策,提升贷款便利度。推动妇女创业贷款扩面增量。支持金融机构在依法合规、风险可控前提下,丰富大学生助学、创业等金融产品。完善适老、友好的金融产品和服务,加强对养老服务、医疗卫生服务产业和项目的金融支持。支持具有养老属性的储蓄、理财、保险、基金等产品发展。鼓励信托公司开发养老领域信托产品。注重加强对老年人、残疾人群体的人工服务、远程服务、上门服务,完善无障碍服务设施,提高特殊群体享受金融服务的便利性。积极围绕适老化、无障碍金融服务以及生僻字处理等制定实施金融标准。

(七)发挥普惠金融支持绿色低碳发展作用。在普惠金融重点领域服务中融入绿色低碳发展目标。引导金融机构为小微企业、农业企业、农户技术升级改造和污染治理等生产经营方式的绿色转型提供支持。探索开发符合小微企业经营特点的绿色金融产品,促进绿色生态农业发展、农业资源综合开发和农村生态环境治理。支持农业散煤治理等绿色生产,支持低碳农房建设及改造、清洁炊具和卫浴、新能源交通工具、清洁取暖改造等农村绿色消费,支持绿色智能家电下乡和以旧换新,推动城乡居民生活方式绿色转型。丰富绿色保险服务体系。

三、健全多层次普惠金融机构组织体系

(八)引导各类银行机构坚守定位、良性竞争。推动各类银行机构建立健全敢贷、愿贷、能贷、会贷的长效机制。引导大型银行、股份制银行进一步做深做实支持小微经营主体和乡村振兴的考核激励、资源倾斜等内部机制,完善分支机构普惠金融服务机制。推动地方法人银行坚持服务当地定位、聚焦支农支小,完善专业化的普惠金融经营机制,提升治理能力,改进服务方式。优化政策性、开发性银行普惠金融领域转贷款业务模式,提升精细化管理水平,探索合作银行风险共担机制,立足职能定位稳妥开展小微企业等直贷业务。

(九)发挥其他各类机构补充作用。发挥小额贷款公司灵活、便捷、小额、分散的优势,突出消费金融公司专业化、特色化服务功能,提升普惠金融服务效能。引导融资担保机构扩大支农支小业务规模,规范收费,降低门槛。支持金融租赁、融资租赁公司助力小微企业、涉农企业盘活设备资产,推动实现创新升级。引导商业保理公司、典当行等地方金融组织专注主业,更好服务普惠金融重点领域。

四、完善高质量普惠保险体系

(十)建设农业保险高质量服务体系。推动农业保险"扩面、增品、提标"。扩大稻谷、小麦、玉米三大粮食作物完全成本保险和种植收入保险实施范围。落实中央财政奖补政策,鼓励因地制宜发展地方优势特色农产品保险。探索发展收入保险、气象指数保险等新型险种。推进农业保险承保理赔电子化试点,优化农业保险承保理赔业务制度,进一步提高承保理赔服务效率。发挥农业保险在防灾减灾、灾后理赔中的作用。

(十一)发挥普惠型人身保险保障民生作用。积极发展面向老年人、农民、新市民、低收入人口、残疾人等群体的普惠型人身保险业务,扩大覆盖面。完善商业保险机构承办城乡居民大病保险运行机制,提升服务能力。积极发展商业医疗保险。鼓励发展面向县域居民的健康险业务,扩大县域地区覆盖范围,拓展保障内容。支持商业保险公司因地制宜发展面向农户的意外险、定期寿险业务,提高农户抵御风险能力。

(十二)支持保险服务多样化养老需求。鼓励保险公司开发各类商业养老保险产品,有效对接企业(职业)年金、第三支柱养老保险参加人和其他金融产品消费者的长期领取需求。探索开发各类投保简单、交费灵活、收益稳健、收益形式多样的商业养老年金保险产品。在风险有效隔离的基础上,支持保险公司以适当方式参与养老服务体系建设,探索实现长期护理、风险保障与机构养老、社区养老等服务有效衔接。

五、提升资本市场服务普惠金融效能

(十三)拓宽经营主体直接融资渠道。健全资本市场功能,完善多层次资本市场差异化制度安排,适应各发展阶段、各类型小微企业特别是科技型企业融资需求,提高直接融资比重。优化新三板融资机制和并购重组机制,提升服务小微企业效能。完善区域性股权市场制度和业务试点,拓宽小微企业融资渠道。完善私募股权和创业投资基金"募投管退"机制,鼓励投早、投小、投科技、投农业。发挥好国家中小企业发展基金等政府投资基金作用,引导创业投资机构加大对种子期、初创期成长型小微企业支持。鼓励企业发行创新创业专项债务融资工具。优化小微企业和"三农"、科技创新等领域公司债发行和资金流向监测机制,切实降低融资成本。

(十四)丰富资本市场服务涉农主体方式。支持符合条件的涉农企业、欠发达地区和民族地区企业利用多层次资本市场直接融资和并购重组。对脱贫地区企业在一定时期内延续适用首发上市优惠政策,探索支持政策与股票发行注册制改革相衔接。优化"保险+期货",支持农产品期货期权产品开发,更好满足涉农经营主体的价格发现和风险管理需求。

(十五)满足居民多元化资产管理需求。丰富基金产品类型,满足居民日益增长的资产管理需求特别是权益投资需求。构建类别齐全、策略丰富、层次清晰的理财产品和服务体系,拓宽居民财产性收入渠道。建设公募基金账户份额信息统一查询平台,便利投资者集中查询基金投资信息。

六、有序推进数字普惠金融发展

(十六)提升普惠金融科技水平。强化科技赋能普惠金融,支持金融机构深化运用互联网、大数据、人工智能、区块链等科技手段,优化普惠金融服务模式,改进授信审批和风险管理模型,提升小微企业、个体工商户、涉农主体等金融服务可得性和质量。推动互联网保险规范发展,增强线上承保理赔能力,通过数字化、智能化经营提升保险服务水平。稳妥有序探索区域性股权市场区块链建设试点,提升服务效能和安全管理水平。

(十七)打造健康的数字普惠金融生态。支持金融机构依托数字化渠道对接线上场景,紧贴小微企业和"三农"、民生等领域提供高质量普惠金融服务。在确保数据安全的前提下,鼓励金融机构探索与小微企业、核心企业、物流仓储等供应链各方规范开展信息协同,提高供应链金融服务普惠金融重点群体效率。鼓励将数字政务、智慧政务与数字普惠金融有机结合,促进与日常生活密切相关的金融服务更加便利,同时保障人民群众日常现金使用。稳妥推进数字人民币研发试点。有效发挥数字普惠金融领域行业自律作用。

(十八)健全数字普惠金融监管体系。将数字普惠金融全面纳入监管,坚持数字化业务发展在审慎监管前提下进行。规范基础金融服务平台发展,加强反垄断和反不正当竞争,依法规范和引导资本健康发展。提升数字普惠金融监管能力,建立健全风险监测、防范和处置机制。严肃查处非法处理公民信息等违法犯罪活动。

积极发挥金融科技监管试点机制作用,提升智慧监管水平。加快推进互联网法院和金融法院建设,为普惠金融领域纠纷化解提供司法保障。

七、着力防范化解重点领域金融风险

(十九)加快中小银行改革化险。坚持早识别、早预警、早发现、早处置,建立健全风险预警响应机制,强化城商行、农商行、农信社、村镇银行等风险监测。以省为单位制定中小银行改革化险方案。以转变省联社职责为重点,加快推进农信社改革。按照市场化、法治化原则,稳步推动村镇银行结构性重组。加大力度处置不良资产,推动不良贷款处置支持政策尽快落地见效,多渠道补充中小银行资本。严格限制和规范中小银行跨区域经营行为。压实金融机构及其股东主体责任,压实地方政府、金融监管、行业主管等各方责任。构建高风险机构常态化风险处置机制,探索分级分类处置模式,有效发挥存款保险基金、金融稳定保障基金作用。

(二十)完善中小银行治理机制。推动党的领导和公司治理深度融合,构建符合中小银行实际、简明实用的公司治理架构,建立健全审慎合规经营、严格资本管理和激励约束机制。强化股权管理,加强穿透审查,严肃查处虚假出资、循环注资等违法违规行为。严格约束大股东行为,严禁违规关联交易。积极培育职业经理人市场,完善高管遴选机制,以公开透明和市场化方式选聘中小银行董事、监事和高管人员,提升高管人员的专业素养和专业能力。健全中小银行违法违规的市场惩戒机制。压实村镇银行主发起行责任,提高持股比例,强化履职意愿,做好支持、服务和监督,建立主发起行主导的职责清晰的治理结构。完善涉及中小银行行政监管与刑事司法双向衔接工作机制。

(二十一)坚决打击非法金融活动。依法将各类金融活动全部纳入监管。坚决取缔非法金融机构,严肃查处非法金融业务。严厉打击以普惠金融名义开展的违法犯罪活动,切实维护金融市场秩序和社会大局稳定。健全非法金融活动监测预警体系,提高早防早治、精准处置能力。强化事前防范、事中监管、事后处置的全链条工作机制,加快形成防打结合、综合施策、齐抓共管、标本兼治的系统治理格局。

八、强化金融素养提升和消费者保护

(二十二)提升社会公众金融素养和金融能力。健全金融知识普及多部门协作机制,广泛开展金融知识普及活动。稳步建设金融教育基地、投资者教育基地,推进将金融知识纳入国民教育体系。培养全生命周期财务管理理念,培育消费者、投资者选择适当金融产品的能力。组织面向农户、新市民、小微企业主、个体工商户、低收入人口、老年人、残疾人等重点群体的教育培训,提升数字金融产品使用能力,增强个人信息保护意识。培育契约精神和诚信意识,提倡正确评估和承担自身风险。

(二十三)健全金融消费者权益保护体系。督促金融机构加强消费者权益保护体制机制建设,强化消费者权益保护全流程管控,切实履行信息披露义务。探索金融产品销售适当性规制建设,研究制定金融机构销售行为可回溯监管制度。畅通金融消费者投诉渠道,建立健全金融纠纷多元化解机制。组织开展金融机构金融消费者权益保护评估和评价工作,加大监管披露和通报力度,推进金融消费者权益保护监管执法合作机制建设。加强金融广告治理,强化行业自律。

九、提升普惠金融法治水平

(二十四)完善普惠金融相关法律法规。推动修订中国人民银行法、银行业监督管理法、商业银行法、保险法等法律,推动加快出台金融稳定法,制定地方金融监督管理条例等法规,明确普惠金融战略导向和监管职责。加快推进金融消费者权益保护专门立法,健全数字普惠金融等新业态经营和监管法规,积极推动防范化解金融风险法治建设。

(二十五)加快补齐规则和监管短板。完善小额贷款公司、融资担保公司、典当行、融资租赁公司、商业保理公司、互联网保险业务监管规制。探索拓展更加便捷处置普惠金融重点领域不良资产的司法路径。建立健全普惠金融领域新业态、新产品的监管体系和规则。加快补齐风险预防预警处置问责制度短板。对尚未出台制度的领域,依据立法精神,运用法治思维、法治方式实施监管,维护人民群众合法权益。

十、加强政策引导和治理协同

(二十六)优化普惠金融政策体系。发挥货币信贷政策、财税政策、监管政策、产业政策等激励约束作用。根据经济周期、宏观环境动态调整政策,区分短期激励和长效机制,完善短期政策平稳退出机制和长期政策评估反馈机制。加强部门间协同,推动各类政策考核标准互认互用。

(二十七)强化货币政策引领。运用支农支小再贷款、再贴现、差别化存款准备金率、宏观审慎评估等政策工具,引导扩大普惠金融业务覆盖面。深化利率市场化改革,畅通利率传导机制,更好发挥对普惠金融的支持促进作用。

(二十八)完善差异化监管政策。定期开展商业银行小微企业金融服务监管评价和金融机构服务乡村振兴考核评估,加强结果运用。优化普惠金融监管考核指标和贷款风险权重、不良贷款容忍度等监管制度,健全差异化监管激励体系,引导金融资源向重点领域和薄弱环节倾斜。

(二十九)用好财税政策支持工具。优化财政支持普惠金融发展政策工具,提高普惠金融发展专项资金使用效能,实施中央财政支持普惠金融发展示范区奖补政策。落实金融企业呆账核销管理制度,提高普惠金融领域不良贷款处置效率。落实小微企业、个体工商户、农户等普惠金融重点群体贷款利息收入免征增值税政策。

(三十)积极参与普惠金融全球治理。推进普惠金融领域对外开放,深化与二十国集团普惠金融全球合作伙伴、世界银行、普惠金融联盟、国际金融消费者保护组织等国际组织和多边机制的交流合作。加强与巴塞尔银行监管委员会、国际保险监督官协会、国际证监会组织等国际金融监管组织的普惠金融监管合作。积极与其他国家、地区开展普惠金融合作,加强国际经验互鉴。深度参与、积极推动普惠金融相关国际规则制定。

十一、优化普惠金融发展环境

(三十一)健全普惠金融重点领域信用信息共享机制。加强信用信息归集共享应用制度的顶层设计,依法依规健全信息归集、共享、查询、对接机制以及相关标准,确保数据安全。推广"信易贷"模式,有效利用全国中小企业融资综合信用服务平台,充分发挥地方政府作用,建立完善地方融资信用服务平台,加强小微企业、个体工商户、农户、新型农业经营主体等重点群体相关信息共享。深化"银税互动"和"银商合作",提高信息共享效率。依法依规拓宽金融信用信息基础数据库信息采集范围。更好发挥地方征信平台作用,完善市场化运营模式,扩大区域内金融机构及普惠金融重点群体信息服务覆盖范围。

(三十二)强化农村支付环境和社会信用环境建设。持续推进农村支付环境建设,巩固规范银行卡助农取款服务。推动移动支付等新兴支付方式普及应用,引导移动支付便民工程向乡村下沉。畅通基层党政组织、社会组织参与信用环境建设途径,结合乡村治理开展农村信用体系建设,扩大农户信用档案覆盖面和应用场景。加快建设新型农业经营主体信用体系。依法依规建立健全失信约束制度,加强信用教育,优化信用生态环境。

(三十三)优化普惠金融风险分担补偿机制。深化政府性融资担保体系建设,落实政府性融资担保机构绩效评价机制,坚持保本微利原则,强化支农支小正向激励。切实发挥国家融资担保基金、全国农业信贷担保体系和地方政府性再担保机构作用,推动银担"总对总"批量担保业务合作,稳步扩大再担保业务规模。鼓励有条件的地方探索建立完善涉农贷款、小微企业贷款风险补偿机制。

(三十四)加快推进融资登记基础平台建设。完善动产和权利担保统一登记制度,扩大动产融资统一登记公示系统建设应用。

优化知识产权质押信息平台功能,完善知识产权评估、登记、流转体系。提升应收账款融资服务平台的服务质量和效率。完善农村产权流转、抵押、登记体制机制建设。继续推动不动产登记向银行业金融机构延伸服务网点,提供融资、转贷、续贷、展期和申请抵押登记一站式服务。

十二、加强组织保障

(三十五)坚持和加强党的全面领导。完善党领导金融工作的制度体系,坚决贯彻落实党中央重大决策部署,把党的领导有效落实到推进普惠金融高质量发展的各领域各方面各环节。强化各级党组织作用,切实把党的领导制度优势转化为治理效能。深入推进全面从严治党,坚决惩治金融腐败,坚持不敢腐、不能腐、不想腐一体推进。健全地方党政主要领导负责的财政金融风险处置机制。

(三十六)强化监测评估。建立健全与高质量发展相适应的普惠金融指标体系,探索开展以区域、机构等为对象的普惠金融高质量发展评价评估。完善小微企业、新型农业经营主体等融资状况相关调查制度。深入开展中小微企业融资状况监测评估。加大区域信用信息基础设施建设考核力度。

(三十七)推进试点示范。深入推进普惠金融改革试验区建设。支持各地开展金融服务乡村振兴等试点示范。在全面评估效果基础上,积极稳妥推广普惠金融业务数字化模式、"银税互动"等部门信用信息共享、区域性综合金融服务平台等成熟经验,不断探索形成新经验并推动落地见效。

(三十八)加强组织协调。优化推进普惠金融发展工作协调机制,由金融监管总局、中国人民银行牵头,中央网信办、国家发展改革委、教育部、科技部、工业和信息化部、公安部、民政部、司法部、财政部、人力资源社会保障部、自然资源部、生态环境部、农业农村部、商务部、国家卫生健康委、应急管理部、海关总署、税务总局、市场监管总局、中国证监会、国家统计局、国家知识产权局、国家版权局、中国气象局、国家数据局、国家林草局、最高人民法院、最高人民检察院、共青团中央、全国妇联、中国残联等31个单位参加,根据职责分工落实本意见,协调解决重大问题。加强对普惠金融政策落实情况的监督。强化中央与地方联动,因地制宜、协同推进普惠金融高质量发展。

(本文有删减)

国务院关于推动内蒙古高质量发展奋力书写中国式现代化新篇章的意见

(2023 年 10 月 5 日　国发〔2023〕16 号)

紧紧围绕高质量发展这个首要任务,把内蒙古建设成为我国北方重要生态安全屏障、祖国北疆安全稳定屏障、国家重要能源和战略资源基地、国家重要农畜产品生产基地、我国向北开放重要桥头堡,是习近平总书记和党中央赋予内蒙古的战略定位和重大责任。为深入贯彻落实习近平总书记重要讲话和指示批示精神,支持内蒙古以铸牢中华民族共同体意识为主线,加快落实"五大任务",推动高质量发展,奋力书写中国式现代化内蒙古新篇章,现提出如下意见。

一、总体要求

(一)指导思想

以习近平新时代中国特色社会主义思想为指导,深入贯彻党的二十大精神,牢牢把握习近平总书记和党中央对内蒙古的战略定位,完整、准确、全面贯彻新发展理念,加快构建新发展格局,着力推动高质量发展,统筹发展和安全,以铸牢中华民族共同体意识为主线,以生态优先、绿色发展为导向,加快经济结构战略性调整,探索资源型地区转型发展新路径,推动内蒙古在建设"两个屏障"、

"两个基地"、"一个桥头堡"上展现新作为,切实提升保障国家生态、能源、粮食、产业和边疆安全功能,全方位建设"模范自治区",打造服务保障全国高质量发展的重要支撑,为推进中国式现代化、全面建设社会主义现代化国家作出更大贡献。

(二)工作原则

——生态优先、绿色发展。牢固树立绿水青山就是金山银山的理念,扎实推动黄河流域生态保护和高质量发展,加大草原、森林、湿地等生态系统保护修复力度,加强荒漠化综合防治,构筑祖国北疆万里绿色长城。

——转变方式、调整结构。立足内蒙古资源禀赋、战略定位,推动转变经济发展方式同调整优化产业结构、延长资源型产业链、创新驱动发展、绿色低碳发展、全面深化改革开放相结合,切实提高发展的质量和效益。

——改革开放、塑造优势。落实"两个毫不动摇",深化要素配置市场化改革,持续优化营商环境。积极参与共建"一带一路"和中蒙俄经济走廊建设,加强与国内其他区域合作,打造联通内外、辐射周边、资源集聚集散、要素融汇融通的全域开放平台。

——底线思维、保障安全。统筹发展和安全,发挥能源产业、战略资源、农牧业等优势,增强产业链供应链的竞争力和安全性,在支撑保障全国高质量发展中发挥更大作用。切实做好地方债务风险防范和处置工作。

——保障民生、凝聚民心。牢固树立以人民为中心的发展思想,在发展中更加注重保障和改善民生,推动人口高质量发展,扎实推进共同富裕,全面推进民族团结进步事业,让各族人民共享现代化建设成果。

(三)主要目标

到2027年,综合经济实力进入全国中等水平,城乡居民收入达到全国平均水平,产业结构优化升级,新能源装机规模超过火电,粮食和重要农畜产品供给能力持续提升,"三北"防护林体系建设工程攻坚战取得阶段性成效,防沙治沙成果显著,我国向北开放重要桥头堡作用充分发挥,"模范自治区"建设取得明显成效,内蒙古现代化各项事业实现新的发展。

到2035年,综合经济实力大幅跃升,经济总量和城乡居民收入迈上新台阶,新型能源体系基本建成,"两个屏障"、"两个基地"、"一个桥头堡"作用进一步提升,在促进民族团结进步上继续走在前列,与全国同步基本实现社会主义现代化。

二、统筹山水林田湖草沙系统治理,筑牢北方重要生态安全屏障

(四)科学推进荒漠化综合治理。把防沙治沙作为荒漠化防治的主要任务,分类施策、集中力量开展重点地区规模化防沙治沙,协同推进重要生态系统保护和修复重大工程、"三北"防护林体系建设工程,研究将重点沙区旗县统筹纳入重大工程推动实施。加大沙化土地治理、光伏治沙等支持力度,全力打好黄河"几字弯"生态环境系统治理攻坚战、科尔沁和浑善达克沙地歼灭战、河西走廊—塔克拉玛干沙漠边缘阻击战,支持在毛乌素沙地、库布其沙漠等重点治理区实施一批重点项目,开展"三北"等重点生态工程生态环境成效评估,切实筑牢首都生态安全屏障。

(五)强化草原森林湿地保护修复。加大对大兴安岭森林生态保育、草原生态保护修复治理、湿地保护修复、水土保持、退化森林草原修复等的支持力度。严格落实草畜平衡和禁牧休牧制度,促进草原休养生息,防止超载过牧。严格执行原生沙漠和原生植被封禁保护制度,在主要风沙口、沙源区和沙尘路径区推行冬季免耕留茬制度。支持内蒙古自主开展草原保险试点。创建贺兰山、大青山等国家公园,培育建设草原保护生态学全国重点实验室。支持内蒙古建设国家生态文明试验区。

(六)深入开展环境污染防治。坚决打赢蓝天碧水净土保卫战,推进重点地区清洁取暖改造。加强呼包鄂、乌海及周边地区大气污染联防联控和历史遗留废弃矿山治理。全面实施入黄支流消劣整治、入河排污口分类整治,加快呼伦湖、乌梁素海、岱海及察汗淖尔等水生态综合治理,加强工业园区水污染整治,加快垃圾污水收集、转运、处置设施建设。加强受污染耕地、矿区用地等土壤风险管控和修复。推进"无废城市"建设。推动农牧业面源污染治理。支持内蒙古深化排污权交易试点。加强噪声污染防治。

(七)推进绿色低碳循环发展。积极稳妥推进碳达峰碳中和,推动能耗双控逐步转向碳排放双控。加快霍林河、包头铝业等低碳园区建设,推进鄂尔多斯蒙苏、包头达茂零碳园区发展。实施全面节约战略。支持城市废弃物分类回收利用设施建设,强化退役动力电池、光伏组件、风电机组叶片等新兴产业废弃物循环利用。建设鄂尔多斯粉煤灰提取氧化铝综合利用基地。推广零排放重型货车,在煤炭矿区、物流园区和钢铁、火电等领域培育一批清洁运输企业。深化内蒙古碳监测评估试点,建立完善碳监测评估技术体系。在内蒙古建设碳计量中心,健全森林草原湿地荒漠碳汇计量监测体系。支持呼伦贝尔、兴安盟、赤峰等地区探索生态产品价值实现机制。支持内蒙古发展绿色金融。

三、推动产业结构战略性调整优化,构建多元发展、多极支撑的现代化产业体系

(八)增强创新发展能力。聚焦新能源、稀土新材料、煤基新材料、石墨烯、氢能、生物制药、生物育种、草业等优势领域,布局建设国家级创新平台。支持呼包鄂按程序申请创建国家自主创新示范区。加快推动建设国家乳业技术创新中心,研究支持创建稀土新材料、草种业国家技术创新中心。鼓励在草原家畜生殖调控与繁育等领域培育建设全国重点实验室。支持内蒙古优势科研力量参与国家实验室建设,开展新能源发电、绿氢制备、煤炭高效灵活发电、新型电力系统等研究与实践。在国家重大人才工程计划和国家人才战略布局上给予倾斜。支持引进培养急需紧缺专业人才,落实有关地区性津贴倾斜政策。

(九)加快产业结构优化升级。大力推进新型工业化,支持内蒙古培育发展先进制造业集群。推动钢铁、有色金属、建材等重点领域开展节能减污降碳技术改造,延伸煤焦化工、氯碱化工、氟硅化工产业链。鼓励铁合金、焦化等领域企业优化重组。有序发展光伏制造、风机制造等现代装备制造业,加快发展电子级晶硅、特种合金等新材料。支持在内蒙古布局国防科技工业项目,推动民用航空产业发展。推动中医药(蒙医药)、原料药等医药产业发展。

(十)促进服务业优质高效发展。鼓励现代服务业与先进制造业、现代农牧业融合发展。加快建设包头稀土产品检测检验中心。支持内蒙古发展枢纽经济,推进国家物流枢纽、国家骨干冷链物流基地建设。研究应用公路集装箱模块化运输。培育发展银发经济。实施中华优秀传统文化传承发展工程。将西辽河文明研究纳入中华文明探源工程,支持红山文化遗址申报世界文化遗产。推进长城、黄河国家文化公园建设,支持阿尔山创建国家级旅游度假区。支持珠恩嘎达布其等边境旗县开展边境旅游试验区改革试验。研究设立和林格尔金融数据产业园。支持内蒙古融资担保机构与国家融资担保基金加强合作。

(十一)加强基础设施体系建设。研究强化呼南通道与包(银)海通道之间的衔接,推动包头经鄂尔多斯至榆林铁路、临河至哈密铁路临河至额济纳段扩能改造工程等项目建设,研究建设齐齐哈尔至海拉尔、海拉尔至黑山头铁路,推进乌兰浩特至阿尔山至海拉尔铁路开行动车改造,构建贯通内蒙古东中西部的铁路大通道。在严格防范地方债务风险的前提下,推动国家高速公路主线内蒙古段全部贯通、盟市高速公路互通、城区人口 10 万以上旗县高速公路连通、重点口岸高速公路接通。完善农村牧区公路交通管理设施和安全防护设施。支持重点旗县运输和通用机场建设。提升内蒙古电信普遍服务水平。开展低空空域改革,发展低空经济。加快推进全国一体化算力网络内蒙古枢纽节点建设,支持和林格尔数据中心集群"东数西算"项目建设。推动提升内蒙古枢纽节点与其他算力枢纽节点间的网络传输性能,扩容互联网出口带宽。

开展新型互联网交换中心可行性研究论证。支持内蒙古森林草原防火应急通信基础设施建设。

四、深化体制机制改革,探索资源型地区转型发展新路径

(十二)推动矿产资源有序开发利用。严格落实国土空间规划、用途管制和生态环境分区管控要求,做好能源资源基地、国家规划矿区、重点勘查开采区与生态保护红线、自然保护地的衔接,基本草原内允许新设经依法依规批准的国家重大矿产资源勘探开发项目。全面推动绿色勘查、绿色矿山建设,探索制定促进矿山企业采用先进技术的激励政策。完善矿产资源节约与综合利用相关制度,务实加强矿山安全保障设施和能力建设,分类处置不具备安全生产条件的矿山,推动非煤矿山资源整合,鼓励综合开发利用与煤共伴生资源。

(十三)加强矿区治理修复。督促生产矿山全面履行矿山地质环境保护与恢复治理和土地复垦义务,探索支持第三方治理模式。协同开展矿山污染治理与生态修复。督促指导矿山企业足额计提、规范管理使用矿山地质环境治理恢复基金。鼓励具备条件的矿区开展土地规模化综合治理、相邻矿山企业实施集中连片综合治理。加大对历史遗留废弃矿山生态修复的财政资金投入,鼓励和支持社会资本参与并获得合理回报。

(十四)创新资源型地区转型发展体制机制。健全资源开发补偿机制和利益分配共享机制,强化资源型企业生态环境恢复治理责任和社会责任,促进绿色开发、收益共享。探索村集体采取出租等方式利用矿区土地共建就业帮扶车间、现代农业设施和发展新能源,促进矿区居民就业增收。落实跨省区输电工程长期合作协议,在严格执行跨省跨区送受电优先发电计划的基础上,鼓励以市场化方式开展外送电力中长期交易,推动新能源发电企业参与省区间现货交易。鼓励中央企业加大支持力度,加快呼和浩特能源资源总部经济集聚区建设。支持乌海、鄂尔多斯蒙西和棋盘井工业园区、阿拉善乌斯太工业园区整合园区资源、理顺管理体制。

五、构建新型能源体系,增强国家重要能源和战略资源基地保供能力

(十五)提升传统能源供给保障能力。有序释放煤电油气先进产能,加快推进煤炭储备项目建设。优先支持内蒙古开展煤炭产能储备,建立一定规模的煤炭调峰储备产能。强化煤电兜底保障,加快推进国家规划内煤电建设,储备一批煤电项目。全面推进煤电机组"三改联动"。持续推动淘汰煤电落后产能,按照延寿运行、淘汰关停和"关而不拆"转为应急备用电源分类处置。支持内蒙古油气勘探开发,加大油气勘查区块出让力度,推进鄂尔多斯非常规天然气勘探开发,高质量建设鄂尔多斯现代煤化工产业示范区和煤制油气战略基地,带动煤基新材料高端化发展。

(十六)推进大型风电光伏基地建设。加快建设库布其、腾格里、乌兰布和、巴丹吉林等沙漠、戈壁、荒漠地区大型风电光伏基地、支撑性电源及外送通道。研究推动浑善达克沙地至京津冀输电通道建设。坚持规模化与分布式开发相结合,同步配置高效储能调峰装置,积极发展光热发电。支持内蒙古建设新型电力系统重大示范工程,鼓励开展新能源微电网应用。研究优化蒙西电网与华北电网联网方式。按照国家有关规定,优化 500 千伏电网工程纳规程序。加强电源电网在规划、核准、建设、运行等环节统筹协调。

(十七)加快构建现代能源经济体系。研究设立区域煤炭交易中心。完善适应新能源参与的电力市场规则,探索开展蒙西电网电力容量市场交易试点,建立可再生能源配套煤电项目容量补偿机制。开展内蒙古电力市场绿色电力交易。加快新能源产业关键材料、装备及零部件等全产业链发展,壮大风光氢储产业集群,建设国家级新能源装备制造基地。开展大规模风光制氢、新型储能技术攻关,推进绿氢制绿氨、绿醇及氢冶金产业化应用。在完善行业标准等前提下,推动乌兰察布至燕山石化输氢管道建设。支持低碳零碳负碳工程建设。鼓励新能源就地消纳,支持先进绿色高载能产业向内蒙古低碳零碳园区转移布局。

（十八）加强稀土等战略资源开发利用。支持内蒙古战略性矿产资源系统性勘查评价、保护性开发、高质化利用、规范化管理，提升稀土、铁、镍、铜、钨、锡、钼、金、萤石、晶质石墨、锂、铀、氦气等战略性矿产资源保障能力。加快发展高纯稀土金属、高性能稀土永磁、高性能抛光等高端稀土功能材料。扩大稀土催化材料在钢铁、水泥、玻璃、汽车、火电等行业应用。支持包头稀土产品交易所依法合规建设面向全国的稀土产品交易中心，将包头建设成为全国最大的稀土新材料基地和全球领先的稀土应用基地。

六、加快推进农牧业现代化，提升国家重要农畜产品生产基地综合生产能力

（十九）加强农牧业基础设施建设。加快建设高标准农田，逐步将永久基本农田全部建成高标准农田。逐步扩大东北黑土地保护利用范围，加强黑土地侵蚀沟道治理，支持符合条件的地方开展盐碱地综合利用，加强现有盐碱耕地改造提升，推进河套等大中型灌区续建配套和现代化改造。提升天然草原生产能力和草种供给能力，加快发展设施农业和舍饲圈养，扩大粮改饲试点，建设羊草、苜蓿、燕麦等优质饲草基地。推进农牧业机械化、智能化，加快建设国家现代农业产业园、农村产业融合发展园区和农业产业强镇。

（二十）大力发展生态农牧业。开展粮油等主要作物大面积单产提升行动，加大对产粮（油）大县奖励支持力度。实施优势特色品种培育和动植物保护工程，支持生物育种产业化应用试点，建设大豆、玉米、马铃薯制种大县，打造国家重要"粮仓"。支持甜菜生产，稳定甜菜糖产量。支持草原畜牧业转型升级项目建设，实施草畜平衡示范县试点。支持开展奶牛育种联合攻关，整县推进奶业生产能力提升，建设面向全国的乳业交易中心。稳步实施畜牧良种补贴政策，推进肉牛扩群提质和育肥场建设。推进农畜产品精深加工和绿色有机品牌打造。支持农业产业化国家重点龙头企业认定，推动农牧业龙头企业上市。高质量建设巴彦淖尔国家农业

高新技术产业示范区和兴安盟现代畜牧业试验区。

（二十一）强化水资源保障能力。推进内蒙古水网骨干工程建设，稳步实施引绰济辽二期工程。推动农业节水增效、工业节水减排、城镇节水降损。推进煤矿绿色保水开采和矿井水综合利用，鼓励将矿井水因地制宜用于生态补水和农业灌溉。有序推进西辽河、鄂尔多斯台地地下水超采治理。加快黄河粗泥沙集中来源区拦沙工程建设进度。深化农业水价综合改革，加快完善供水计量体系，建立精准补贴和节水奖励机制。推进盟市间水权交易，依法依规开展用水权改革。

（二十二）深化农村牧区改革。健全土地、草牧场经营权流转服务体系，在推进新增耕地确权登记颁证的基础上，探索开展高效利用试点。按照国家部署，规范开展土地增减挂钩节余指标跨省域调剂，有序开展农村牧区集体经营性建设用地入市试点，稳妥盘活利用农村牧区存量建设用地。深入推进"空心村"治理。因地制宜开展优势特色农畜产品保险，对符合条件的农牧业保险给予适当补贴。

七、积极融入国内国际双循环，推动向北开放重要桥头堡建设提质升级

（二十三）强化开放大通道建设。加快建设以满洲里口岸为节点，内连大连港、秦皇岛港和东北地区，外接俄蒙至欧洲的向北开放东通道，以二连浩特口岸为节点，以中蒙俄中线铁路为支撑，内连天津港和京津冀，外接俄蒙至欧洲的向北开放中通道，完善货物通关、物流贸易和生产加工功能。提升满洲里、二连浩特中欧班列口岸服务能力，推进内蒙古开行中欧班列扩容提质，研究将发往蒙古国班列纳入图定线路。提升乌兰察布中欧班列集散能力。加快推进中蒙俄中线铁路升级改造可行性研究，协同推动乌兰察布至乌兰巴托至乌兰乌德跨境铁路通道升级改造。推进甘其毛都、策克等口岸跨境铁路前期研究和建设工作。统筹推进"智慧口岸"、"数字国门"试点建设，提升口岸通关保障能力。

（二十四）加快发展开放型经济。支持按程序申请设立中国（内蒙古）自由贸易试验区。加快满洲里、二连浩特互市贸易区加工、投资、贸易一体化发展。研究优化边境口岸行政区划设置，增强内生发展动力。推进满洲里与扎赉诺尔、乌兰察布与二连浩特等地区创新管理模式，促进口岸和腹地联动发展。进一步夯实产业基础，促进综合保税区高质量发展。推动与蒙古国、俄罗斯在农林牧渔、能源矿产、基础设施等领域合作。加强与蒙古国等周边沙源国家在沙尘源监测与综合治理、生态环境与生态修复等领域的技术和项目交流合作。支持内蒙古同新加坡等国拓展经贸合作。

（二十五）加强区域协作互动。积极融入京津冀协同发展，深化京蒙协作，探索推动内蒙古与北京开展对口合作。支持与天津、河北、辽宁等省市开展港口资源共享和内陆港合作。加强与张家口、承德、大同、忻州、榆林、石嘴山等毗邻地区生态环境联防联治、基础设施互联互通、公共服务合作共享。加快建设蒙东（赤峰—通辽）承接产业转移示范区。加强与长三角、粤港澳大湾区、东北三省等区域互惠合作，通过共建园区、飞地经济、异地孵化等方式承接产业转移。研究在满洲里、二连浩特、甘其毛都、策克等沿边地区整合建设若干沿边产业园区，中央预算内投资对园区基础设施建设等给予相应支持，打造沿边开放新高地。

八、加强中华民族共同体建设，筑牢北疆安全稳定屏障

（二十六）全面推进民族团结进步事业。开展铸牢中华民族共同体意识示范创建，推进研究基地和教育实践基地建设。构筑中华民族共有精神家园，坚定不移全面推行使用国家统编教材，确保各民族青少年掌握和使用好国家通用语言文字。巩固深化民族团结进步创建，持续开展各民族交往交流交融"三项计划"。完善防范化解民族领域重大风险体制机制。统筹城乡建设布局规划和公共服务资源配置，创造更加完善的各族群众共居共学、共建共享、共事共乐的社会条件，在新时代继续保持"模范自治区"的崇高荣誉。

（二十七）加强基本民生保障。落实落细就业优先政策,重点抓好高校毕业生、退役军人、农民工、失业人员等群体就业。支持开展公共就业服务能力提升项目,支持符合条件的地方建设公共实训基地,推进创业创新园区建设。在政府投资重点工程和农牧业农牧区基础设施建设项目中推广以工代赈,适当提高劳务报酬发放比例。巩固拓展脱贫攻坚成果,支持国家乡村振兴重点帮扶县实施一批补短板促振兴重点项目,强化易地搬迁集中安置点后续扶持。加强对脱贫家庭、低保家庭、零就业家庭、残疾人等困难人员就业帮扶,增加低收入者收入,扩大中等收入群体,在国家政策框架内合理调整艰苦边远地区津贴实施范围和类别,优化收入分配格局,探索扎实推进共同富裕有效途径。

（二十八）提高公共服务水平。支持京津冀蒙高校组建联盟,推进教育部直属高校结对帮扶内蒙古地方高校。合理确定内蒙古地方高校本科和研究生培养规模,支持加强食品科学、生态学、草学、冶金稀土、临床医学、预防医学等学科专业建设,支持内蒙古大学加强"双一流"建设。支持内蒙古现代职业教育体系和本科层次职业学校建设。按照规划开展国家区域医疗中心、国家紧急医学救援基地建设,加强公立医院改革与高质量发展示范项目管理,加快建设紧密型县域医共体。开展完整社区试点,实施嘎查村(社区)综合服务设施补短板和扩能升级项目,提高社区工作者薪酬待遇。支持内蒙古研究解决部分地区原被征地农牧民养老保险单建制度问题,探索扩大企业年金覆盖面举措。支持烈士纪念设施、光荣院、优抚医院、军供站等建设,提升优抚保障水平。

（二十九）加强守边固边兴边。实施边境节点村镇基础设施提档升级工程,支持边境地区水电路讯一体化建设,实现抵边自然村、边防哨所、边境派出所和抵边警务室饮用水、电力、通信、广电普遍覆盖。深入开展兴边富民行动中心城镇建设试点。开展"民营企业进边疆"行动,实施兴边富民特色产业发展工程,促进边民就地就近就业和增收致富。扶持民族贸易和民族特需商品生产。

推进边境"四个共同"长廊建设。支持大兴安岭林区防火路和抵边自然村通硬化路建设。加快沿边国道 331 线待贯通和低等级路段建设改造,有序推进沿边国道并行线建设。研究强化抵边乡镇工作力量,加强党政军警民合力强边固防,推进"平安北疆、智慧边防"建设。

(三十)防范化解重点领域风险。实施城市安全韧性提升、交通安全提升、社会治安防控体系、公共安全视频监控建设联网应用、智能安防单元建设等工程。支持呼和浩特建设国家应急物资储备库,布局建设呼伦贝尔、赤峰、乌海等区域库和部分旗县(市、区)骨干库。建设呼伦贝尔森林防灭火实训、北方航空应急救援等基地,支持森林草原火险区综合治理。稳妥推进中小银行风险处置、资本补充和深化改革。严格落实省负总责、地方各级党委和政府各负其责的要求,有力有序防范化解地方债务风险,坚决守住不发生系统性风险的底线。严格落实安全生产责任制,有效防范各类重大安全事故。

九、保障措施

(三十一)坚持和加强党的全面领导。充分发挥党总揽全局、协调各方的领导核心作用,深刻领悟"两个确立"的决定性意义,增强"四个意识"、坚定"四个自信"、做到"两个维护",把党的领导始终贯穿于推动内蒙古高质量发展全过程各方面。增强党组织政治功能和组织功能,充分发挥基层党组织战斗堡垒和党员先锋模范作用,引导广大党员、干部大力弘扬"蒙古马精神"和"三北精神",全面调动各级干部的积极性、主动性、创造性,守正创新、担当作为,凝聚各方合力,把党中央决策部署贯彻落实好。

(三十二)强化政策支持。发挥重大项目牵引带动作用,将符合条件的项目纳入中央预算内投资等支持范围。根据战略定位需要,围绕新能源、新材料、现代装备制造、现代煤化工、奶业、农畜产品等领域,在重点产业发展、重大项目落地等方面给予支持。支持内蒙古与中央和国家机关、东部沿海地区之间按照有关规定和干部管理权限开展干部挂职交流。加大人才培养力度,将内蒙古列为西部重点支持地区,推动高端人才支援内蒙古。

(三十三)健全工作落实机制。内蒙古自治区要落实主体责任,制定工作清单,明确时间表、施工图,确保各项任务落到实处。国务院有关部门要按照职责分工,根据本意见确定的目标任务,加强指导协调,出台配套政策,对内蒙古落实"五大任务"给予大力支持。国家发展改革委要加强对本意见实施的跟踪评估,完善工作机制,协调解决突出问题,重要情况及时向党中央、国务院报告。

国务院办公厅关于印发《专利转化运用专项行动方案(2023—2025年)》的通知

(2023年10月17日 国办发〔2023〕37号)

《专利转化运用专项行动方案(2023—2025年)》已经国务院同意,现印发给你们,请认真贯彻执行。

(本文有删减)

专利转化运用专项行动方案(2023—2025年)

为贯彻落实《知识产权强国建设纲要(2021—2035年)》和《"十四五"国家知识产权保护和运用规划》,大力推动专利产业化,加快创新成果向现实生产力转化,开展专利转化运用专项行动,制定本方案。

一、总体要求

以习近平新时代中国特色社会主义思想为指导,全面贯彻落实党的二十大精神,聚焦大力推动专利产业化,做强做优实体经济,有效利用新型举国体制优势和超大规模市场优势,充分发挥知识产权制度供给和技术供给的双重作用,有效利用专利的权益纽带和信息链接功能,促进技术、资本、人才等资源要素高效配置和有机聚合。从提升专利质量和加强政策激励两方面发力,着力打通专利转化运用的关键堵点,优化市场服务,培育良好生态,激发各类主体创新活力和转化动力,切实将专利制度优势转化为创新发展的强大动能,助力实现高水平科技自立自强。

到 2025 年,推动一批高价值专利实现产业化。高校和科研机构专利产业化率明显提高,全国涉及专利的技术合同成交额达到8000 亿元。一批主攻硬科技、掌握好专利的企业成长壮大,重点产业领域知识产权竞争优势加速形成,备案认定的专利密集型产品产值超万亿元。

二、大力推进专利产业化,加快专利价值实现

(一)梳理盘活高校和科研机构存量专利。建立市场导向的存量专利筛选评价、供需对接、推广应用、跟踪反馈机制,力争 2025年底前实现高校和科研机构未转化有效专利全覆盖。由高校、科研机构组织筛选具有潜在市场价值的专利,依托全国知识产权运营服务平台体系一线上登记入库。有效运用大数据、人工智能等新技术,按产业细分领域向企业匹配推送,促成供需对接。基于企业对专利产业化前景评价、专利技术改进需求和产学研合作意愿的反馈情况,识别存量专利产业化潜力,分层构建可转化的专利资源库。加强地方政府部门、产业园区、行业协会和全国知识产权运营服务平台体系等各方协同,根据存量专利分层情况,采取差异化推广措施。针对高价值存量专利,匹配政策、服务、资本等优质资源,推动实现快速转化。在盘活存量专利的同时,引导高校、科研机构在科研活动中精准对接市场需求,积极与企业联合攻关,形成更多符合产业需要的高价值专利。

(二)以专利产业化促进中小企业成长。开展专精特新中小企业"一月一链"投融资路演活动,帮助企业对接更多优质投资机构。推动专项支持的企业进入区域性股权市场,开展规范化培育和投后管理。支持开展企业上市知识产权专项服务,加强与证券交易所联动,有效降低上市过程中的知识产权风险。

(三)推进重点产业知识产权强链增效。以重点产业领域企业为主体,协同各类重大创新平台,培育和发现一批弥补共性技术短板、具有行业领先优势的高价值专利组合。围绕产业链供应链,建立关键核心专利技术产业化推进机制,推动扩大产业规模和效益,加快形成市场优势。支持建设产业知识产权运营中心,组建产业知识产权创新联合体,遵循市场规则,建设运营重点产业专利池。深入实施创新过程知识产权管理国际标准,出台标准与专利协同政策指引,推动创新主体提升国际标准制定能力。面向未来产业等前沿技术领域,鼓励探索专利开源等运用新模式。

(四)培育推广专利密集型产品。加快完善国家专利密集型产品备案认定平台,以高新技术企业、专精特新企业、科技型企业等为重点,全面开展专利产品备案,2025年底前实现全覆盖,作为衡量专利转化实施情况的基础依据。围绕专利在提升产品竞争力和附加值中的实际贡献,制定出台专利密集型产品认定国家标准,分产业领域开展统一认定。培育推广专利密集型产品,健全专利密集型产业增加值核算与发布机制,加强专利密集型产业培育监测评价。

三、打通转化关键堵点,激发运用内生动力

(五)强化高校、科研机构专利转化激励。探索高校和科研机构职务科技成果转化管理新模式,健全专利转化的尽职免责和容错机制,对专利等科技成果作价入股所形成国有股权的保值增值实施按年度、分类型、分阶段整体考核,不再单独进行个案考核。对达成并备案的专利开放许可,依法依规予以技术合同登记认定。推动高校、科研机构加快实施以产业化前景分析为核心的专利申请前评估制度。强化职务发明规范管理,建立单位、科研人员和技术转移机构等权利义务对等的知识产权收益分配机制。加强产学研合作协议知识产权条款审查,合理约定权利归属与收益分配。支持高校、科研机构通过多种途径筹资设立知识产权管理资金和运营基金。推动建立以质量为导向的专利代理等服务招标机制。

(六)强化提升专利质量促进专利产业化的政策导向。各地区、各有关部门在涉及专利的考核中,要突出专利质量和转化运用的导向,避免设置专利申请量约束性指标,不得将财政资助奖励政策与专利数量简单挂钩。在各级各类涉及专利指标的项目评审、机构评估、企业认定、人才评价、职称评定等工作中,要将专利的转化效益作为重要评价标准,不得直接将专利数量作为主要条件。出台中央企业高价值专利工作指引,引导企业提高专利质量效益。启动实施财政资助科研项目形成专利的声明制度,加强跟踪监测和评价反馈,对于授权超过 5 年没有实施且无正当理由的专利,国家可以无偿实施,也可以许可他人有偿实施或无偿实施,促进财政资助科研项目的高价值专利产出和实施。

(七)加强促进转化运用的知识产权保护工作。加强地方知识产权综合立法,一体推进专利保护和运用。加强知识产权保护体系建设。

四、培育知识产权要素市场,构建良好服务生态

(八)高标准建设知识产权市场体系。完善专利权转让登记机制,完善专利开放许可相关交易服务、信用监管、纠纷调解等配套措施。创新先进技术成果转化运用模式。优化全国知识产权运营服务平台体系,支持国家知识产权和科技成果产权交易机构链接区域和行业交易机构,在知识产权交易、金融、专利导航和专利密集型产品等方面强化平台功能,搭建数据底座,聚焦重点区域和产业支持建设若干知识产权运营中心,形成线上线下融合、规范有序、充满活力的知识产权运用网络。建立统一规范的知识产权交易制度,推动各类平台互联互通、开放共享,实现专利转化供需信息一点发布、全网通达。建立知识产权交易相关基础数据统计发

83

布机制,健全知识产权评估体系,鼓励开发智能化评估工具。建立专利实施、转让、许可、质押、进出口等各类数据集成和监测机制。2024年底前,完成技术合同登记与专利转让、许可登记备案信息共享,扩大高校、科研机构专利实施许可备案覆盖面。

(九)推进多元化知识产权金融支持。加大知识产权融资信贷政策支持力度,稳步推广区域性股权市场运营管理风险补偿基金等机制安排,优化知识产权质物处置模式。开展银行知识产权质押融资内部评估试点,扩大银行业金融机构知识产权质押登记线上办理试点范围。完善全国知识产权质押信息平台,扩展数据共享范围。探索创业投资等多元资本投入机制,通过优先股、可转换债券等多种形式加大对企业专利产业化的资金支持,支持以"科技成果+认股权"方式入股企业。探索推进知识产权证券化,探索银行与投资机构合作的"贷款+外部直投"等业务模式。完善知识产权保险服务体系,探索推行涉及专利许可、转化、海外布局、海外维权等保险新产品。

(十)完善专利转化运用服务链条。引导树立以促进专利产业化为导向的服务理念,拓展专利代理机构服务领域,提供集成化专利转化运用解决方案。培育一批专业性强、信用良好的知识产权服务机构和专家型人才,参与服务各级各类科技计划项目,助力核心技术攻关和专利转化运用。加大知识产权标准化数据供给,鼓励开发好使管用的信息服务产品。面向区域重大战略、重点产业领域、国家科技重大项目、国家战略科技力量,深入开展专利转化运用服务精准对接活动。加快推进知识产权服务业集聚区优化升级,到2025年,高质量建设20个国家知识产权服务业集聚发展示范区。

(十一)畅通知识产权要素国际循环。发挥自由贸易试验区、自由贸易港的示范引领作用,推进高水平制度型开放,不断扩大知识产权贸易。加快国家知识产权服务出口基地建设。推出更多技术进出口便利化举措,引导银行为技术进出口企业提供优质外汇结算服务。鼓励海外专利权人、外商投资企业等按照自愿平等的市场化原则,转化实施专利技术。建立健全国际大科学计划知识产权相关规则,支持国际科技合作纵深发展。探索在共建"一带一路"国家、金砖国家等开展专利推广应用和普惠共享,鼓励国际绿色技术知识产权开放实施。

五、强化组织保障,营造良好环境

(十二)加强组织实施。坚持党对专利转化运用工作的全面领导。成立由国家知识产权局牵头的专利转化运用专项行动工作专班,落实党中央、国务院相关决策部署,研究重大政策、重点项目,协调解决难点问题,推进各项任务落实见效。各地区要加强组织领导,将专利转化运用工作纳入政府重要议事日程,落实好专项行动各项任务。2023年启动第一批专利产业化项目,逐年滚动扩大实施范围和成效。

(十三)强化绩效考核。各地区要针对专利产业化项目中产生的高价值专利和转化效益高的企业等,定期做好分类统计和总结上报。国家知识产权局要会同相关部门定期公布在专项行动中实现显著效益的高价值专利和企业。将专项行动绩效考核纳入国务院督查事项,对工作成效突出的单位和个人按国家有关规定给予表彰。

(十四)加大投入保障。落实好支持专利转化运用的相关税收优惠政策。各地区要加大专利转化运用投入保障,引导建立多元化投入机制,带动社会资本投向专利转化运用。

(十五)营造良好环境。实施知识产权公共服务普惠工程,健全便民利民知识产权公共服务体系,推动实现各类知识产权业务"一网通办"和"一站式"服务。加强宣传引导和经验总结,及时发布先进经验和典型案例,在全社会营造有利于专利转化运用的良好氛围。

国务院办公厅转发民政部等单位
《关于加强低收入人口动态监测做好分层分类
社会救助工作的意见》的通知

(2023 年 10 月 19 日　国办发〔2023〕39 号)

民政部、教育部、财政部、人力资源社会保障部、住房城乡建设部、农业农村部、国家卫生健康委、应急管理部、国家医保局、中国残联《关于加强低收入人口动态监测做好分层分类社会救助工作的意见》已经国务院同意，现转发给你们，请认真贯彻落实。

关于加强低收入人口动态监测
做好分层分类社会救助工作的意见

民政部 教育部 财政部 人力资源社会保障部
住房城乡建设部 农业农村部 国家卫生健康委
应急管理部 国家医保局 中国残联

社会救助是社会保障体系中兜底性、基础性的制度安排。为健全分层分类的社会救助体系，加大低收入人口救助帮扶力度，进一步织密扎牢民生兜底保障安全网，现就加强低收入人口动态监测、做好分层分类社会救助工作提出以下意见。

一、总体要求

以习近平新时代中国特色社会主义思想为指导，全面贯彻党的二十大精神，落实党中央、国务院关于改革完善社会救助制度、实现巩固拓展脱贫攻坚成果同乡村振兴有效衔接的决策部署，坚持以人民为中心的发展思想，坚持尽力而为、量力而行，坚持与经济社会发展水平相适应,健全以基本生活救助、专项社会救助、急难社会救助为主体,社会力量参与为补充的分层分类社会救助体系,实现救助资源统筹衔接、救助信息聚合共享、救助效率有效提升,让改革发展成果更多更公平惠及困难群众,切实兜住兜准兜好基本民生底线。

二、合理确定低收入人口范围

低收入人口包括最低生活保障对象、特困人员、防止返贫监测对象、最低生活保障边缘家庭成员、刚性支出困难家庭(刚性支出较大导致基本生活出现严重困难的家庭)成员,以及其他困难人员。最低生活保障对象、特困人员、防止返贫监测对象等低收入人口的认定,按照各地现有规定执行。对不符合最低生活保障条件,但家庭人均收入低于当地最低生活保障标准1.5倍,且家庭财产状况符合当地相关规定的家庭,认定为最低生活保障边缘家庭;最低生活保障边缘家庭收入、财产的具体界定、核查范围和核算方法以及认定程序等,可参照当地最低生活保障相关规定执行,对家庭中已实现就业的人员,在核算收入时可按规定适当扣减必要的就业成本。对家庭人均收入低于上年度当地居民人均可支配收入,家庭财产状况符合当地相关规定,且医疗、教育等必需支出占家庭总收入比例超过当地规定比例的家庭,认定为刚性支出困难家庭,具体认定办法和程序由各地根据实际情况制定。

三、加强低收入人口动态监测

(一)完善低收入人口动态监测信息平台。各级民政部门要充分依托"金民工程"全国社会救助信息系统及各级已有系统平台建设基础,逐步完善低收入人口动态监测信息平台,完善数据录入、数据共享、监测预警、数字监督、转办推送等基本功能,尽快实现覆盖全国、统筹城乡、上下联动、部门协同,对低收入人口开展常态化监测预警;深化拓展功能应用,科学设置预警指标,为快速预警、精准救助、综合帮扶提供支撑。民政部门要通过低收入人口动态监测信息平台为教育、人力资源社会保障、住房城乡建设、农业农村

（乡村振兴）、卫生健康、应急管理、医保、残联等部门和单位分层分类开展救助帮扶提供信息查询、需求推送等服务支持。各相关单位原则上要依托全国一体化政务服务平台和国家数据共享交换平台，及时将救助帮扶信息反馈给民政部门，形成"一户（人）一条救助链"，避免救助遗漏或重复救助。

（二）完善低收入人口数据库。各地民政部门要以县（市、区、旗）为单位，通过申请人自主申报、入户走访、数据比对等方式，采集辖区内低收入人口相关数据信息并逐级上传，加强数据共享，做到定期更新、动态调整、不断完善。要畅通申报渠道，优化流程，方便申请人自主申报。要提高源头数据采集、核查、录入的准确性，确保信息完整、真实可靠。

（三）加强动态监测。各地要充分发挥"大数据比对+铁脚板摸排"作用，线上线下相结合，及时、主动发现需要救助的困难群众。加强线上跨部门信息共享和数据比对，各级民政部门要将掌握的低收入人口数据与教育、人力资源社会保障、卫生健康、医保、残联等部门和单位掌握的家庭经济困难学生、登记失业人员、重病患者、重度残疾人等数据进行交叉比对，动态掌握低收入人口就业状况、家庭支出、困难情形等变化情况。加强线下核查，县级民政部门要依托基层力量，组织动员乡镇（街道）干部、村（社区）组织工作人员、村级社会救助协理员、社会工作者等经常性走访困难群众，发现家庭状况发生变化的，及时报告并将变化情况录入低收入人口数据库。积极推行政府购买社会救助服务，委托社会力量开展困难群众家庭状况随访、协助申请等工作。各地对已纳入社会救助范围的低收入人口，重点监测相关社会救助政策是否落实到位、是否还存在其他方面的生活困难；对未纳入社会救助范围的低收入人口，重点监测其家庭状况变化情况，发现符合救助条件的，应当告知相关救助政策，按规定及时启动救助程序。

（四）分类处置预警信息。各地民政部门发现社会救助政策落实不到位的，要尽快按规定落实或商请相关社会救助管理部门落实救助政策;发现低收入人口未纳入社会救助范围但可能符合救助条件的,要根据困难类型和救助需求,将信息分类推送至相关社会救助管理部门处理;发现困难情形复杂的,可适时启动县级困难群众基本生活保障工作协调机制,通过"一事一议"方式集体研究处理;发现低收入人口可能不再符合救助条件的,及时核查或商请相关社会救助管理部门核查有关情况,对符合终止条件的按规定终止救助。

四、做好分层分类社会救助工作

各地要根据低收入人口动态监测预警信息,按照低收入人口困难程度和困难类型,分层分类提供常态化救助帮扶。对防止返贫监测对象,同时按照现行防止返贫动态监测和帮扶机制给予针对性帮扶措施,切实防止规模性返贫。

(一)扎实做好基本生活救助。对符合最低生活保障、特困人员救助供养条件的低收入人口,给予相应的最低生活保障、特困人员救助供养等基本生活救助。对最低生活保障边缘家庭中的重病患者、重度残疾人等特殊困难人员,可单独纳入最低生活保障范围。对参照单人户纳入最低生活保障范围的成年无业重度残疾人等其他特殊困难人员,给予相应的基本生活救助。

(二)完善专项社会救助

1. 医疗救助(含疾病应急救助)。对特困人员参加城乡居民基本医疗保险的费用给予全额资助,对最低生活保障对象等其他符合资助参保条件的低收入人口给予定额资助。对最低生活保障对象、特困人员、最低生活保障边缘家庭、刚性支出困难家庭中符合条件的大病患者在定点医药机构发生的住院费用、因慢性病需要长期服药或患重特大疾病需要长期门诊治疗的费用,按规定给予相应医疗救助。对符合疾病应急救助条件的费用,由疾病应急救助基金按规定支付。

2. 教育救助。对最低生活保障对象、特困人员、最低生活保障边缘家庭、刚性支出困难家庭以及其他经济困难家庭中符合条件的在园幼儿、在校学生,按规定采取发放助学金、生活补助,提供勤工助学岗位、助学贷款以及减免相关费用等方式,给予教育救助。

3.住房救助。对符合当地住房保障条件的城市最低生活保障家庭、城市分散供养特困人员、城市最低生活保障边缘家庭和刚性支出困难家庭,通过配租公租房或发放租赁补贴优先给予住房救助;对符合当地住房保障条件的农村最低生活保障家庭、农村分散供养特困人员、农村最低生活保障边缘家庭和刚性支出困难家庭,通过农村危房改造等方式优先给予住房救助。

4.就业救助。对符合条件的最低生活保障对象、最低生活保障边缘家庭成员、刚性支出困难家庭成员,按规定落实贷款贴息、税费减免、培训补贴、社保补贴等政策。多渠道开发就业岗位,通过产业发展、劳务输出、车间吸纳、以工代赈等方式进行就业帮扶,引导就业救助对象积极就业。

5.受灾人员救助。对遭遇自然灾害的最低生活保障对象、特困人员、最低生活保障边缘家庭成员、刚性支出困难家庭成员,按照自然灾害救助政策给予相应救助;加强与其他救助政策的有序衔接,推动形成救助合力。

(三)加强急难社会救助。对遭遇突发性、紧迫性、灾难性困难导致基本生活暂时出现严重困难的人员,取消户籍地、居住地申请限制,在急难发生地按规定通过临时救助或生活无着流浪乞讨人员救助,及时给予急难社会救助,可实行"小金额先行救助",事后补充说明情况。发挥县级困难群众基本生活保障工作协调机制作用,及时化解困难群众急难愁盼问题。

(四)积极发展服务类社会救助。鼓励各地通过政府购买服务等方式,对低收入人口中生活不能自理的老年人、未成年人、残疾人等提供必要的访视、照料服务;积极开展社会工作服务,为低收入人口提供心理疏导、资源链接、能力提升、社会融入等服务,推动形成"物质+服务"的救助方式。

(五)做好其他救助帮扶。对符合条件的最低生活保障对象、特困人员、最低生活保障边缘家庭成员、刚性支出困难家庭成员，可根据当地救助政策给予取暖补贴、殡葬费用减免等救助帮扶。鼓励有条件的地方将困难残疾人生活补贴、残疾儿童康复救助、困难重度残疾人家庭无障碍改造等帮扶措施延伸至最低生活保障边缘家庭成员等。

（六）鼓励开展慈善帮扶。促进社会力量参与社会救助，支持引导公民、法人和其他组织通过捐赠财产、开展慈善项目、创办服务机构、提供志愿服务等方式，面向低收入人口开展慈善帮扶活动。建立政府救助与慈善帮扶衔接机制，在政策、对象、信息、资源等方面进行救助需求与慈善供给的匹配对接，为低收入人口提供多样化救助帮扶。

五、强化组织实施

（一）加强组织领导。强化党委领导、政府负责、民政牵头、部门协同、社会参与的工作机制。各地要落实主体责任，在完善最低生活保障、特困人员救助供养政策措施基础上，结合实际进一步细化最低生活保障边缘家庭、刚性支出困难家庭以及其他困难人员的认定办法、程序和救助帮扶标准、措施等。深入实施基层社会救助能力提升工程，探索实行"一次申请、分类审核认定"等做法，进一步提高社会救助可及性、便捷性。

（二）落实部门责任。相关部门要各司其职、主动作为，协同配合、齐抓共管，打通数据壁垒、加强信息共享，加大政策宣传解读力度，鼓励引导更多困难群众通过勤劳改善生活，共同做好低收入人口动态监测和分层分类社会救助工作。民政部门要统筹低收入人口认定、监测和常态化救助帮扶工作，负责最低生活保障、特困人员救助供养、临时救助等相关工作。教育、人力资源社会保障、住房城乡建设、卫生健康、应急管理、医保等部门按照各自职责分别负责教育救助、就业救助、住房救助、受灾人员救助、医疗救助等相关工作。农业农村（乡村振兴）部门负责做好健全防止返贫动态监测和帮扶机制相关工作。残联组织协同做好残疾人救助帮扶相关工作。财政部门负责根据经济社会发展水平、财政状况、救助需求等因素,通过现有资金渠道合理安排相应社会救助资金,保障低收入人口救助帮扶工作持续开展。

(三)强化监督检查。各地要加强社会救助资金使用监管,确保按时足额发放,不得挤占、挪用、截留或者擅自扩大资金使用范围;杜绝"人情保"、"关系保",严查优亲厚友、骗取套取等行为,确保资金真正用到困难群众身上。申请或已获得社会救助的家庭或人员应当按规定如实申报收入状况、财产状况。建立容错纠错机制,落实"三个区分开来"要求,对秉持公心、履职尽责但因客观原因出现失误偏差且能够及时纠正的经办人员依法依规免于问责,激励基层干部担当作为,切实兜牢基本民生底线。

国务院关于印发《中国(新疆)自由贸易试验区总体方案》的通知

(2023 年 10 月 21 日   国发〔2023〕17 号)

现将《中国(新疆)自由贸易试验区总体方案》印发给你们,请认真贯彻执行。

(本文有删减)

中国(新疆)自由贸易试验区总体方案

建立中国(新疆)自由贸易试验区(以下简称自贸试验区)是党中央、国务院作出的重大决策,是新时代推进改革开放的重要战略举措。为高标准高质量建设自贸试验区,制定本方案。

一、总体要求

(一)指导思想

以习近平新时代中国特色社会主义思想为指导,全面贯彻落实党的二十大精神,统筹推进"五位一体"总体布局和协调推进"四个全面"战略布局,完整、准确、全面贯彻新时代党的治疆方略,坚持稳中求进工作总基调,完整、准确、全面贯彻新发展理念,加快构建新发展格局,着力推动高质量发展,更好统筹发展和安全,主动服务和融入国家重大战略,坚持推进高水平对外开放,加快实施自由贸易试验区提升战略,发挥好改革开放综合试验平台作用,把自贸试验区建设成为新时代改革开放新高地。

(二)战略定位及发展目标

以制度创新为核心,以可复制可推广为基本要求,全面贯彻落实第三次中央新疆工作座谈会精神,深入贯彻落实习近平总书记关于新疆工作的系列重要讲话和指示批示精神,牢牢把握新疆在国家全局中的战略定位,把依法治疆、团结稳疆、文化润疆、富民兴疆、长期建疆各项工作做深做细做实,努力打造促进中西部地区高质量发展的示范样板,构建新疆融入国内国际双循环的重要枢纽,服务"一带一路"核心区建设,助力创建亚欧黄金通道和我国向西开放的桥头堡,为共建中国—中亚命运共同体作出积极贡献。

赋予自贸试验区更大改革自主权,充分发挥新疆"五口通八国、一路连欧亚"的区位优势,深入开展差别化探索,培育壮大新疆特色优势产业。经过三至五年改革探索,努力建成营商环境优良、投资贸易便利、优势产业集聚、要素资源共享、管理协同高效、辐射带动作用突出的高标准高质量自由贸易园区。

二、区位布局

(一)实施范围

自贸试验区的实施范围 179.66 平方公里,涵盖三个片区:乌鲁木齐片区 134.6 平方公里(含新疆生产建设兵团第十二师 30.8 平方公里;含乌鲁木齐综合保税区 2.41 平方公里),喀什片区 28.48

平方公里(含新疆生产建设兵团第三师 3.81 平方公里;含喀什综合保税区 3.56 平方公里),霍尔果斯片区 16.58 平方公里(含新疆生产建设兵团第四师 1.95 平方公里;含霍尔果斯综合保税区 3.61 平方公里)。

自贸试验区的开发利用须遵守土地利用、生态环境保护、规划有关法律法规,符合国土空间规划,并符合节约集约用地的有关要求。

(二)功能划分

乌鲁木齐片区依托陆港空港联动发展区位优势,加强陆港型国家物流枢纽建设,重点发展国际贸易、现代物流、先进制造业、纺织服装业及生物医药、新能源、新材料、软件和信息技术服务等新兴产业,积极发展科技教育、文化创意、金融创新、会展经济等现代服务业,打造与中亚等周边国家交流合作的重要平台。喀什片区依托国际贸易物流通道优势,做大做强外向型经济,重点发展农副产品精深加工、纺织服装制造、电子产品组装等劳动密集型产业,大力推动进口资源落地加工,积极培育国际物流、跨境电商等现代服务业,打造联通中亚、南亚等市场的商品加工集散基地。霍尔果斯片区依托跨境合作及陆上边境口岸型国家物流枢纽等优势,重点发展跨境物流、跨境旅游、金融服务、展览展示等现代服务业,做大做强特色医药、电子信息、新材料等产业,打造跨境经贸投资合作新样板。

三、主要任务和措施

(一)加快转变政府职能

1.打造一流营商环境。率先推进"数字政府"建设,提高政府运行效能,推进服务数字化、规范化、智能化,打造全疆标杆。赋予自贸试验区更大改革自主权,新疆维吾尔自治区、新疆生产建设兵团能够下放的经济社会管理权限,凡具有实际需要、符合下放条件的,全部依法下放至自贸试验区。探索实施食品经营许可等"证照同办"。授权自贸试验区对食品相关产品等重要工业品生产许可证采取告知承诺制方式直接受理和审批。探索将农作物种子进出口企业的种子生产经营许可证核发权限下放至新疆省级农业农村部门,同时加强管理,促进种子市场规范有序发展。支持乌鲁木齐建设"丝绸之路经济带法务区",完善法律服务机制,集聚高素质法律服务人才,积极引进更多有国际影响力的涉外法律服务机构。提升法律服务能力,组建涉外法律专家和律师团队,建立涉外法律服务专家库,开展国际法律及合规培训,提升法治保障水平。

2. 提升科技服务能力和合作水平。推动在风力发电等领域建设国家技术创新中心,持续推动"一带一路"联合实验室建设。布局建设具有区域特色的新疆实验室,优化提升自治区重点实验室,紧紧围绕特色产业开展基础研究、应用基础研究和前沿技术研究。探索与中亚等周边国家在农业、能源、资源、环境、医药健康等领域共建联合实验室或联合研究中心,搭建集成研究、科技人才交流与培养合作平台。建立中国—中亚等区域创业创新创客基地和技术转移中心,建设科技成果孵化基地和科技企业孵化器。

3. 坚持生态优先和低碳发展。推动重大生态环保改革举措优先在自贸试验区试点,指导支持自贸试验区开展生态文明示范创建。鼓励自贸试验区内企业开展自愿碳减排,推动符合条件的企业参与碳排放权交易。实施企业环境信息依法披露制度,探索完善环保信用评价与修复机制,推进环保信用评价制度建设。深入探索减污降碳协同增效路径,支持建设绿色低碳生态园区。拓展"三线一单"(生态保护红线、环境质量底线、资源利用上线和生态环境准入清单)应用场景,加强生态环境分区管控成果对生态、大气、固废等环境管理的支撑,促进产业发展绿色转型。持续提升重点领域和行业环评管理效能,发挥环评制度源头预防效力。在大气环境容量偏低的区域,涉气重点行业落实好产能等量置换要求,着力构建科技含量高、资源消耗低、环境污染小的绿色产业结构。

(二)深化投资领域改革

4. 推动投资自由化便利化。健全外商投资服务保障机制,切实保障外商投资企业依法公平参与政府采购、招投标、标准制定等事项,支持符合条件的企业平等享受产业和区域发展政策。鼓励设立外资研发中心,在研发费用、专职研发人员数量、购置设备等方面降低准入门槛。支持采取"平台+园区"、"机构+企业"的共享开放合作发展模式,建设国别产业合作园区。

5. 提升对外投资合作水平。构建对外投资政策促进、服务保障和风险防控体系,建设企业"走出去"窗口和综合服务平台。鼓励支持自贸试验区内企业通过合资、合作、并购、参股等多种方式,对中亚等周边共建"一带一路"国家在能源资源、新材料、特色医药、农产品种植等领域开展对外投资,与国内产业衔接、产能互补、协同发展。完善对外投资管理,提升非金融类境外投资的便利化水平。

(三)推动对外贸易创新发展

6. 提升贸易便利化水平。加快中国(新疆)国际贸易"单一窗口"建设,丰富跨境电商、物流全程协同等地方特色应用。扩大自中亚等周边国家优质农产品、食品进口。率先推进边境口岸农副产品快速通关"绿色通道"全覆盖。扩大周边国家特色中药材进口,对进口睡莲花、秋水仙、洋甘菊、石榴花、玫瑰花、牛舌草等新疆急需中药材批量开展风险评估,加快签订双边议定书。探索进口大麦加工为饲用芽苗的闭环监管模式。依托中哈霍尔果斯国际边境合作中心(以下简称合作中心),加强与周边国家农产品、食品风险信息互通、检测执法互助领域合作。推进中国—中亚区域检验检疫安全技术合作与交流,搭建中国—中亚法规标准信息交流平台。推动综合保税区与自贸试验区统筹发展。实施重要矿产品"口岸+卸货地"联合监管模式。探索在满足监管条件的基础上,打造国际邮件、国际快件、跨境电商集约化监管模式。对边民互市贸易进口商品实施分层查验、分类监管。做好进口资源性商品的采信试点工作,鼓励符合资质要求的第三方检验检测机构参与,进一步提高通关效率。

7. 培育外贸新业态新模式。推动建设边境仓、海外仓,鼓励优势企业在中亚国家建设海外仓,构建多仓联动跨境集运模式。支持符合条件的边境贸易商贸中心和商品市场夯实市场采购贸易发展基础,按程序申请开展市场采购贸易方式试点。集聚供应链管理、贸易中间商等功能性企业,探索开展离岸贸易,培育具备全球资源配置功能的中转集拼和国际分拨业务。支持自贸试验区内符合条件的企业按照综合保税区维修产品目录开展"两头在外"的工程机械、轨道交通、航空航天等高技术、高附加值、符合环保要求的保税维修业务。建立"一次检测、一次运输、一体化作业"整车保税仓储"三个一"监管模式。整合中亚粮食、棉花等优势农产品资源,支持符合条件的粮食加工、棉纺企业做好粮食、棉花进口业务。

8. 推进内外贸一体化发展。在自贸试验区内开展内外贸一体化先行先试,聚焦棉纺、番茄、硅基等优势产业,用足用好现有支持政策,支持企业一体化经营、一体化市场开拓、一体化品牌培育。加快构建特色产品全产业链标准体系,推动棉纺、番茄、硅基产品标准与国际标准协调对接,提升内外标准一致化水平。统筹推进棉花认证体系建设工作,打造具有国际影响力的棉花认证品牌。发挥重点贸易促进平台作用,借助中国国际进口博览会、中国进出口商品交易会、中国国际服务贸易交易会、中国国际消费品博览会等大型综合展会开展组展招商工作,安排一定面积展销特色产品,对参展企业给予展位费减免。加强非商业性境外展会公共服务,支持企业参加特色产品国际展会。加强与行业商协会合作,开展特色产品进商超、进电商平台、进批发市场活动。组织电商平台、线下零售企业举办特色产品主题消费活动,推动电商平台等设置特色产品专区。

(四)打造开放型特色产业体系

9. 做大做强传统优势产业。大力发展服装等吸纳就业能力强的纺织终端产业,高质量发展棉纺织业,打造国家优质棉纱生产基地,提高纺织服装产业促进就业能力。利用现有对二甲苯(PX)产能,打造炼化纺产业链条。支持自贸试验区内纺织服装和电子产品组装、鞋帽皮具、箱包等劳动密集型产业发展。提升林果、葡萄酒、乳制品等特色产品加工业标准化、规模化水平,打造特色优势品牌。支持新疆承接东部地区出口导向型特别是劳动密集型产业链转移,通过整合中亚国家初级产品、欧洲国家科技创新和高端部件制造能力,打造亚欧大陆产业链合作的重要节点,形成具有新疆特色的产业体系,提高就业吸纳能力。依托传统优势特色产业,加大中小企业特色产业集群培育力度,促进中小企业专精特新发展。

10. 推动制造业转型升级。依托现有石油化工产业基础,推动延链补链强链。建设国家战略性矿产资源基地和有色金属产业基地,提高有色金属就地转化比例。推动在综合保税区开展保税混矿业务。加快发展轨道交通装备、农牧机械、农产品加工装备、纺织专用装备、建筑与矿山机械装备等制造业,加快形成先进制造业集群。支持承接中东部先进装备制造业产业转移,打通绿色铸造等装备制造业配套环节,加快发展新能源汽车零部件配套产业。拓展通用航空商业化市场,推进相关基础设施建设,大力发展航空器制造维护、通航飞行、教育培训、应急救援等通用航空全产业链,打造通用航空产业集群。壮大安全应急产业,培育国家安全应急产业示范基地。打造特色医药产业,建设大宗原料药生产基地,将符合条件的创新药、中成药纳入国家医保药品目录和基本药物目录。

11. 推动数字经济创新发展。加快数字基础设施建设,构建综合数字服务平台,支持自贸试验区充分发挥新疆能源和气候优势建设数据中心,带动数据中心相关产业向新疆转移,推动新疆积极参与"东数西算"工程建设、融入国家算力网络体系。加快国际通信设施建设,助力数字丝绸之路建设。支持新疆面向中亚国家,加快布局软件及信息技术服务类企业。为中小企业数字化转型提供政策支持,加快企业数字化转型。支持乌鲁木齐片区与中亚国家依法有序开展数据信息交流合作,推动实现数据信息服务、互联网业务等领域互联互通。

（五）深化金融服务和开放创新

12. 增强金融服务功能。鼓励自贸试验区内非金融企业和金融机构与共建"一带一路"国家金融机构创新合作方式、深化交流合作。支持境外金融机构在自贸试验区依法依规新设银行、保险、证券等法人金融机构。将自贸试验区内中外资银行分行级以下分支机构（不含分行）设立、变更、终止和高级管理人员任职资格核准事项，保险支公司及以下分支机构设立、迁址、撤销和高级管理人员任职资格核准事项，由事前审批改为事后报告。鼓励银行业金融机构按照法治化、市场化原则加大对自贸试验区基础设施及配套设施建设的金融支持力度。支持在自贸试验区内综合保税区开展期货保税交割、融资租赁、仓单质押融资等业务。

13. 推动投融资便利化。在依法合规、风险可控的前提下，鼓励银行业金融机构创新科技金融服务模式，不断提升对自贸试验区内科创企业的金融服务水平。完善债券融资支持机制，推动企业发行绿色公司债券、绿色债务融资工具等。扩大出口信用保险覆盖面，支持自贸试验区内企业通过"单一窗口"、跨境金融区块链服务平台等开展线上保单融资。

14. 扩大人民币跨境使用。依托双边政府间合作平台和联动机制，推动与共建"一带一路"国家在大宗商品贸易、境外承包工程、边民互市等领域开展人民币跨境结算。拓展与共建"一带一路"国家商业银行间合作，鼓励开展双边本币直接交易和现钞跨境调运。服务合作中心建设，在依法合规、风险可控的前提下，探索开展自贸试验区内金融机构向共建"一带一路"国家转让贸易融资资产等金融业务创新。

15. 建立健全金融风险防控体系。坚持系统观念、底线思维，加强重大风险识别和系统性金融风险防范，依托信息技术创新风险研判和风险防控手段，建立联防联控机制，完善金融分类监管机制，强化反洗钱、反恐怖融资和反逃税工作，打击非法金融活动，不断提升金融风险防控能力。

（六）建设联通欧亚的综合物流枢纽

16. 构建现代综合交通枢纽体系。推动建设乌鲁木齐临空经济区,推进与国际陆港区联动发展。加快建设乌鲁木齐陆港型国家物流枢纽,推动建设空港型国家物流枢纽。扎实推进综合货运枢纽补链强链,推进跨运输方式一体化融合,强化区域协同联动,服务产业链供应链稳定顺畅。推动建设国家骨干冷链物流基地。强化国际邮件互换局(交换站)功能,探索建设"中国邮政中亚—中欧海外仓枢纽站"。支持发展中吉乌公铁联运,探索发展中巴多式联运,合作建设中吉乌等铁路项目,推动自贸试验区内陆港、口岸、园区、企业等集疏运体系建设。加快现有口岸现代化改造,增强铁路口岸能力,畅通自贸试验区多式联运大通道和末端网络。

17. 创新物流运输服务模式。推进公铁联运"一次委托、一单到底、一次结算",探索建立符合沿边地区多式联运发展特点的业务模式和规则标准,加快与国际联运规则衔接和标准互认,推动多式联运规则标准"走出去"。探索赋予运单物权凭证功能,为有关国际规则制定提供实践支撑。探索开展基于铁路运输单证的金融服务。加强中欧班列集结中心建设,积极支持乌鲁木齐国际陆港区开行中欧班列,有效对接西部陆海新通道班列。支持搭建国际多式联运物流信息平台。优化自贸试验区与周边国家主要城市航路航线网络衔接,根据平等互利原则并结合乌鲁木齐机场、喀什机场国际航线网络建设需要,与有关国家和地区扩大包括第五航权在内的航权安排,培育发展国际航空市场。

18. 推动内陆口岸经济创新发展。支持乌鲁木齐药品进口口岸建设,提升口岸运营水平。支持开展国际航线航班保税航油加注业务。研究开展国际邮件和跨境电商商品搭乘中欧班列(乌鲁木齐)出口等业务。积极引进国际物流企业,完善流通加工、包装、信息服务、物流金融等物流服务,构建"通道+枢纽+网络"的现代物流运行体系。支持探索口岸联动发展,加快"单一窗口"优化升级,推动"智慧海关、智能边境、智享联通"建设与发展。依托现有机构构建统一高效的口岸监管体系。开展口岸综合绩效评估,清理规范口岸收费。完善口岸联防联控机制,推动监管部门信息互换、监管互认、执法互助。

(七)深化向西开放多领域交流合作

19.强化与周边国家经贸合作。充分发挥上海合作组织、"中国—中亚五国"相关合作机制、中亚区域经济合作(CAREC)等国际交流平台和多双边机制作用,支持参与或承办相关框架下活动。不断完善合作中心三级联动机制。高质量举办中国—亚欧博览会,探索与共建"一带一路"国家特别是中亚国家、上海合作组织国家合作举办国家主题展会和行业专题展会。优化合作中心出入境通行证办理程序。

20.推进国际文化教育交流。加强国际传播能力建设,创新文化服务海外推广模式,开展音乐舞蹈、文化遗产、艺术展览、文化创意、竞技赛事等国际交流活动,打造多元文化交流平台。支持申请创建国家对外文化贸易基地,打造一批具有中国特色、丝路元素的优势文化产品和服务。充分发挥旅游业提供岗位多、带动能力强的优势,依托新疆自然风光和人文风情,打造具有世界影响力的丝绸之路旅游走廊,带动各族群众就业增收。支持创建边境旅游试验区和跨境旅游合作区。联合周边国家打造跨境旅游线路,研究开行国际旅游列车。实施"留学新疆"计划,委托符合条件的高校承担中国政府奖学金生培养任务,对优秀留学生赴新疆高校学习予以奖学金支持,鼓励高校招收自费来疆留学生,培养服务自贸试验区发展需要的国际化人才。

21.提升国际医疗服务能力。推动互联网跨境远程医疗深入发展,引进国内外高端医疗资源和高层次医疗团队,升级远程会诊服务平台,支持打造服务周边国家的"云医院"。培育国际学术交流平台,鼓励举办医疗健康领域国际会议和会展活动。以乌鲁木齐片区为核心,依托区域医疗资源优势,开展对周边国家的国际诊疗业务。探索开展干细胞、免疫细胞、基因治疗等临床前沿诊疗技术研究。探索建立国际医疗商业保险、跨国医疗保险等衔接机制，为外籍患者提供便利高效的医疗服务，积极打造辐射周边的国际医疗服务中心。支持医药产品开展以共建"一带一路"国家为重点的国际注册。

(八)深化人才发展体制机制改革

22.示范推行人才改革政策。支持自贸试验区率先落实编制岗位、科研经费、人才评价、激励保障等人才改革政策。推行以增加知识价值为导向的分配政策，探索年薪制、协议工资制和项目工资制等分配形式，鼓励通过股权、期权、分红等激励方式，调动高层次人才积极性。支持自贸试验区优化人才管理制度，更好促进人才流动。支持国有企业在职和退休专业技术人才，事业单位在职和退休专业技术人才、管理人才按规定在自贸试验区兼职兼薪、按劳取酬，支持高校、科研院所符合条件的科研人员按规定到自贸试验区创新创业。

23.集聚高层次和急需紧缺人才。按程序认定的高层次人才到自贸试验区长期工作的，地方可按照有关规定，在住房、医疗、子女教育等方面给予支持。对具有国际国内一流水平、能够引领产业发展的人才，"一事一议"给予支持。支持地方为优秀高校毕业生提供实习补贴，对优秀的博士或博士后研究人员给予经费支持，吸引人才来疆创新创业。

24.建设人才创新创业平台。支持自贸试验区加快人才发展平台建设，支持行业龙头企业培育建设重点实验室、企业研发中心、高技能人才实训基地、技能大师工作室等平台，建设产业创新研究院等新型研发机构，开展联合技术攻关、协同创新和科研成果转化。支持企业与高校、科研院所开展产学研用合作，共建产业技术联盟、技术孵化基地、实习实训基地、行业公共(共性)技术平台等。

25.加强涉外人才服务保障。支持出入境人员综合服务"一站式"平台建设，为外籍高层次人才投资创业、讲学交流、经贸活动等提供出入境便利。对在自贸试验区工作的外籍高层次人才、外籍技术技能人才等重点群体,提供签证、工作许可、居留和永久居留、驾照转换等便利服务,不断提升服务质量。支持自贸试验区大力发展人力资源服务业,创建国家级人力资源服务产业园和人力资源服务出口基地,引进培育一批高水平人力资源服务机构。

四、保障机制

坚持把加强党的全面领导贯穿于自贸试验区建设的全过程,牢固树立总体国家安全观,聚焦新疆工作总目标,加强抓稳定和促发展两方面工作的统筹结合,强化底线思维和风险意识,切实加强自贸试验区风险防控体系建设,完善防范化解重大风险隐患机制,维护国家安全和社会安全,牢牢守住不发生区域性系统性风险底线。坚持绿色发展,筑牢生态安全屏障,落实生态环境分区管控要求,切实维护国家生态环境安全和人民群众身体健康。

自由贸易试验区工作部际联席会议机制要发挥好统筹协调作用,充分发挥地方和部门积极性,抓好各项改革试点任务落实,高标准高质量建设自贸试验区。新疆维吾尔自治区和新疆生产建设兵团要切实履行主体责任,坚持规划统筹、政策协调、资源整合、优势互补,合力推进自贸试验区建设;完善工作机制,构建精简高效、权责明晰的自贸试验区管理体制;加强地方立法,建立公正透明、体系完备的法治环境;加强监测预警,深入开展风险评估,制定相关工作方案,切实防范化解重大风险;加强人才培养,打造高素质专业化管理队伍;坚持"三个区分开来",鼓励大胆试、大胆闯。新疆维吾尔自治区、新疆生产建设兵团和有关部门要依法及时下放相关管理权限,完善配套政策,确保各项改革举措落地实施。自贸试验区各片区要把工作做细,制度做实,严格监督,严格执纪执法。

国务院关于在自由贸易试验区暂时调整实施有关行政法规规定的决定统一适用于中国(新疆)自由贸易试验区。自贸试验区内的综合保税区以及合作中心的实施范围和税收政策适用范围维持不变。本方案提出的各项改革政策措施,凡涉及调整现行法律或行政法规的,按规定程序办理。重大事项及时向党中央、国务院请示报告。

国务院关于开展第四次全国文物普查的通知

（2023 年 10 月 22 日　国发〔2023〕18 号）

为落实党中央决策部署，全面掌握我国不可移动文物资源情况，进一步加强文物工作，国务院决定于 2023 年 11 月起开展第四次全国文物普查。现将有关事项通知如下：

一、总体要求

（一）指导思想。以习近平新时代中国特色社会主义思想为指导，深入贯彻党的二十大精神，认真贯彻落实党中央关于坚持保护第一、加强管理、挖掘价值、有效利用、让文物活起来的工作要求，坚持实事求是、改革创新、依法实施，周密组织部署，确保普查结果全面客观反映我国不可移动文物资源基本状况。

（二）总体目标。建立国家不可移动文物资源总目录，建立全国不可移动文物资源大数据库，建立文物资源资产动态管理机制。完善不可移动文物认定公布机制，规范认定标准和登记公布程序，健全名录公布体系。完善不可移动文物保护管理机制，构建全面普查、专项调查、空间管控、动态监测相结合的文物资源管理体系。培养锻炼专业人员，建强文物保护队伍，增强全社会文物保护意识。

二、普查范围和内容

普查范围是我国境内地上、地下、水下的不可移动文物，对已认定、登记的不可移动文物进行复查，同时调查、认定、登记新发现的不可移动文物。普查主要内容包括普查对象名称、空间位置、保护级别、文物类别、年代、权属、使用情况、保存状况等。

三、时间安排

此次普查从 2023 年 11 月开始，到 2026 年 6 月结束，分三个阶段进行。普查标准时点为 2024 年 4 月 30 日。2023 年 11 月至

2024 年 4 月为普查第一阶段,主要任务是建立各级普查机构,确定技术标准和规范,开发普查系统与采集软件,开展培训、试点工作;2024 年 5 月至 2025 年 5 月为普查第二阶段,主要任务是以县域为基本单元,实地开展文物调查;2025 年 6 月至 2026 年 6 月为普查第三阶段,主要任务是依法认定、登记并公布不可移动文物,建立国家不可移动文物资源总目录,逐级验收并向社会公布普查成果。

县级以上地方各级人民政府要根据普查结果,及时将重要的不可移动文物核定公布为相应级别的文物保护单位。

四、组织实施

为加强对文物普查工作的组织领导,成立第四次全国文物普查领导小组,负责普查组织实施中重大问题的研究和决策,审定普查总体方案,不作为国务院议事协调机构,任务完成后自动撤销。领导小组办公室设在国家文物局,负责普查工作的日常组织和具体协调。其中涉及普查经费方面的事项,由财政部负责和协调;涉及国有文物资源资产管理方面的事项,由财政部、国家文物局负责和协调;涉及数据底图方面的事项,由自然资源部负责和协调;涉及普查宣传动员方面的事项,由中央宣传部、国家文物局负责和协调。各有关部门要各司其职、各负其责、密切配合,按照普查总体方案要求,积极提供本系统文物线索,组织动员本系统有关单位配合文物行政部门做好普查工作,协助研究解决普查中涉及本系统的重要问题。

各省(自治区、直辖市)人民政府是本地区文物普查工作的责任主体,要充分考虑基层实际情况,组织好本省(自治区、直辖市)内各级文物行政部门、文物保护和考古工作机构、文物保护单位管理机构、博物馆、高等院校、科研机构及社会力量等,系统谋划、统筹推进。要按照统一要求,结合本地区实际,编制实施方案,报领导小组办公室备案。地方各级人民政府要认真做好本地区文物普查工作。各级文物行政部门要压实责任,具体组织实施普查工作,确保按时高质量完成普查任务。接受对口支援、定点帮扶的地区,可将第四次全国文物普查有关任务纳入对口支援、定点帮扶内容。

各地普查机构根据工作需要,可聘用或者从有关单位商调符合条件的人员加入普查队伍,聘用人员劳务费在普查经费中列支,由聘用单位及时支付,商调人员在原单位的岗位保留,工资、福利及其他待遇不降低。

中国人民解放军和武装警察部队的文物普查工作由中央军委后勤保障部按照国家统一规定和要求组织实施。

新疆生产建设兵团的文物普查工作由新疆生产建设兵团按照本通知要求组织实施。

五、经费保障

第四次全国文物普查所需经费,按照公共文化领域中央与地方财政事权和支出责任划分改革方案,由中央与地方共同承担支出责任,列入相应年度财政预算,按时拨付,确保到位,保障普查工作顺利开展。

六、普查质量管理

国家文物局统一负责普查质量管理工作。各级普查机构要加强普查质量控制,严格执行普查方案,规范普查工作流程,严肃普查纪律,强化事前事中事后数据质量检查核查,确保普查数据真实准确、完整可信。

建立健全文物普查责任体系,明确主体责任、监督责任和相关责任。建立普查数据质量追溯和问责机制,坚决杜绝各种人为干预普查数据的行为。采用有效技术手段和管理措施,确保普查数据采集、传输、存储和使用安全。

根据有关法律规定,各地区、各有关部门和单位要如实填报登记信息,不得虚报、瞒报、拒报、迟报,不得伪造、篡改普查资料。普查机构及其工作人员要妥善保存普查数据和资料,对普查中涉及的国家秘密履行保密义务。

在文物普查中,发现因人为破坏、监管不力等因素造成已登记文物遭破坏、撤销、灭失的情形,要依法调查处理,严肃追究责任,并及时将违法违纪线索移送有关部门处理。

（本文有删减）

国务院办公厅关于2024年
部分节假日安排的通知

（2023年10月25日　国办发明电〔2023〕7号）

经国务院批准,现将2024年元旦、春节、清明节、劳动节、端午节、中秋节和国庆节放假调休日期的具体安排通知如下。

一、元旦:1月1日放假,与周末连休。

二、春节:2月10日至17日放假调休,共8天。2月4日(星期日)、2月18日(星期日)上班。鼓励各单位结合带薪年休假等制度落实,安排职工在除夕(2月9日)休息。

三、清明节:4月4日至6日放假调休,共3天。4月7日(星期日)上班。

四、劳动节:5月1日至5日放假调休,共5天。4月28日(星期日)、5月11日(星期六)上班。

五、端午节:6月10日放假,与周末连休。

六、中秋节:9月15日至17日放假调休,共3天。9月14日(星期六)上班。

七、国庆节:10月1日至7日放假调休,共7天。9月29日(星期日)、10月12日(星期六)上班。

节假日期间,各地区、各部门要妥善安排好值班和安全、保卫、疫情防控等工作,遇有重大突发事件,要按规定及时报告并妥善处置,确保人民群众祥和平安度过节日假期。

国务院部门规章

关于废止《公安机关信访工作规定》的决定

（2023年6月29日公安部令第166号公布 自2023年7月1日起施行 国司备字[2023009299]）

公安部决定废止2005年8月18日发布实施的《公安机关信访工作规定》（公安部令第79号）。

本决定自2023年7月1日起施行。

关于废止、修改部分规章、行政规范性文件和一般政策性文件的决定

（2023年7月11日国家发展和改革委员会令第3号公布 自2023年9月1日起施行 国司备字[2023009218]）

为深入贯彻落实党的二十大精神，提升我委制度建设水平，我委组织开展了规章、行政规范性文件、一般政策性文件清理工作。经过清理，决定对《关于颁发〈水电厂水情自动测报系统管理办法〉的通知》等47件规章、行政规范性和一般政策性文件予以废止，对《中央储备糖管理办法》等2件规章、行政规范性文件予以修改。

附件：1. 决定废止的规章、行政规范性文件和一般政策性文件目录
2. 决定修改的规章和行政规范性文件

108

决定废止的规章、行政规范性文件和
一般政策性文件目录(47 件)

序号	文件类别	文件标题	文号
1	规章	关于颁发《水电厂水情自动测报系统管理办法》的通知	电安生〔1996〕917 号
2	行政规范性文件	关于完善西部地区农网改造投资规模及有关要求的通知	发改能源〔2004〕1740 号
3	行政规范性文件	关于印发《煤矿瓦斯治理经验五十条》的通知	发改能源〔2005〕457 号
4	行政规范性文件	关于印发《可再生能源发电有关管理规定》的通知	发改能源〔2006〕13 号
5	行政规范性文件	关于印发中国可再生能源规模化发展项目(CRESP)管理办法的通知	发改办能源〔2006〕1661 号
6	行政规范性文件	关于印发促进风电产业发展实施意见的通知	发改能源〔2006〕2535 号
7	行政规范性文件	关于煤层气价格管理的通知	发改价格〔2007〕826 号
8	行政规范性文件	关于做好电煤统计工作的通知	发改办运行〔2008〕2195 号
9	行政规范性文件	关于落实风电发展政策有关要求的通知	发改办能源〔2009〕224 号
10	行政规范性文件	关于完善云南省农村电网和无电地区电力建设工程中央投资政策的通知	发改办能源〔2010〕2012 号
11	行政规范性文件	关于完善甘肃省农村电网和无电地区电力建设工程中央投资政策的通知	发改办能源〔2010〕2013 号
12	行政规范性文件	关于完善福建省农村电网建设工程中央投资政策的通知	发改办能源〔2010〕2014 号
13	行政规范性文件	关于加快西藏太阳能光伏电站建设有关要求的通知	发改办能源〔2010〕2133 号
14	行政规范性文件	关于开展农村电网改造升级工程规划有关要求的通知	发改办能源〔2010〕2177 号

序号	文件类别	文件标题	文号
15	行政规范性文件	关于印发《大陆企业赴台湾地区投资管理办法》的通知	发改外资〔2010〕2661号
16	行政规范性文件	关于印发促进风电装备产业健康有序发展若干意见的通知	发改能源〔2010〕3019号
17	行政规范性文件	关于印发《煤炭产业升级中央预算内投资项目管理暂行办法》的通知	发改能源〔2011〕2916号
18	行政规范性文件	关于印发《新一轮农村电网改造升级项目管理办法》的通知	发改办能源〔2016〕671号
19	行政规范性文件	关于完善光伏发电规模管理和实行竞争方式配置项目的指导意见	发改能源〔2016〕1163号
20	行政规范性文件	关于发布《当前国家鼓励发展的环保产业设备（产品）目录（2010年版）》的公告	国家发展改革委、环境保护部公告2010年第6号
21	行政规范性文件	关于深入推进煤炭交易市场体系建设的指导意见的通知	发改运行〔2014〕967号
22	行政规范性文件	关于加快推进重要商品和服务价格指数编制工作的通知	发改办价格〔2012〕340号
23	行政规范性文件	关于商业性户外广告设置权协议出让价格管理权限问题的复函	发改办价格〔2014〕94号
24	行政规范性文件	关于印发《重点地区煤炭消费减量替代管理暂行办法》的通知	发改环资〔2014〕2984号
25	一般政策性文件	关于加强建设项目安全设施"三同时"工作的通知	发改投资〔2003〕1346号
26	一般政策性文件	关于中西部农网完善和无电地区电力建设工程2008年第二批中央预算内投资安排有关问题的通知	发改办能源〔2008〕1879号
27	一般政策性文件	关于加快江苏沿海潮间带风电示范项目建设有关要求的通知	发改办能源〔2010〕576号
28	一般政策性文件	关于印发湖南省怀化市农村电网建设与改造协调会议纪要的通知	发改办能源〔2011〕486号
29	一般政策性文件	关于西藏自治区无电地区电力建设规划的批复	发改能源〔2011〕2317号

序号	文件类别	文件标题	文号
30	一般政策性文件	关于委托西藏自治区发展改革委审批农网改造升级和无电地区电力建设工程有关项目可行性研究报告的通知	发改办能源〔2013〕315号
31	一般政策性文件	关于下达山东省农村电网改造升级工程2014年第二批自筹资本金投资计划的通知	发改能源〔2014〕2483号
32	一般政策性文件	关于做好无电地区电力建设工程2015年度中央预算内投资计划执行工作有关要求的通知	发改办能源〔2015〕524号
33	一般政策性文件	关于印发2015年新增农网改造升级工程中央投资计划实施计划的通知	发改办能源〔2015〕2588号
34	一般政策性文件	关于印发农村电网改造升级工程中央投资计划项目储备工作有关要求通知	发改办能源〔2015〕2800号
35	一般政策性文件	关于支持贫困地区农林水利基础设施建设推进脱贫攻坚的指导意见	发改农经〔2016〕537号
36	一般政策性文件	关于印发小城镇和中心村农网改造升级工程2016—2017年实施方案的通知	发改能源〔2016〕580号
37	一般政策性文件	关于印发农村机井通电工程2016—2017年实施方案的通知	发改能源〔2016〕583号
38	一般政策性文件	关于做好"十三五"新一轮农村电网改造升级规划编制工作有关要求的通知	发改办能源〔2016〕585号
39	一般政策性文件	关于规范跨省发电、供电计划和省级发电、供电计划备案核准报送审批工作的通知	发改运行〔2016〕744号
40	一般政策性文件	关于公布实施新一轮农网改造升级工程领导小组主要成员及实施单位责任人名单的通知	发改办能源〔2016〕723号
41	一般政策性文件	关于推进多能互补集成优化示范工程建设的实施意见	发改能源〔2016〕1430号
42	一般政策性文件	关于加强农村机井通电建设管理工作的通知	发改办能源〔2016〕1499号

序号	文件类别	文件标题	文号
43	一般政策性文件	关于开展降成本政策落实情况及效果评估的通知	发改办运行〔2016〕2784 号
44	一般政策性文件	关于贵州省新一轮农网改造升级工程有关情况的函	发改办能源〔2017〕168 号
45	一般政策性文件	关于加快推进重大水利工程建设的指导意见	发改农经〔2017〕1462 号
46	一般政策性文件	关于促进氧化铝产业有序发展的通知	发改办产业〔2018〕1655 号
47	一般政策性文件	关于做好基础设施领域不动产投资信托基金（REITs）试点项目申报工作的通知	发改办投资〔2020〕586 号

附件 2

决定修改的规章和行政规范性文件(2 件)

一、经商财政部同意,决定将《中央储备糖管理办法》(国家发展改革委、财政部令 2021 年第 41 号)的第七条修改为"中国农业发展银行等负责按照国家有关信贷政策和中央储备糖计划,及时发放和收回中央储备糖贷款,对发放的中央储备糖贷款实施信贷监管,确保资金安全。";将第二十四条修改为"中央储备糖应当符合国家有关质量要求,其中储备白砂糖应当符合国标一级及以上。中央储备原糖出库加工的白砂糖投放食品市场应当符合食品安全标准要求"。

二、决定将《国家发展改革委关于印发社会领域相关专项中央预算内投资专项管理办法的通知》(发改社会规〔2021〕525 号)附件中"社会服务设施兜底线工程中央预算内投资专项管理办法"标题修改为"社会服务设施建设支持工程中央预算内投资专项管理办法";将该办法第四条修改为"中央预算内投资优先向革命老区、民族地区、边疆地区、脱贫地区以及易地扶贫搬迁集中安置区等人口流入多、服务供需矛盾突出的区域倾斜";将该办法第十八条中的《烈士纪念设施保护管理办法》(民政部第 47 号令)修改为"《烈士纪念设施保护管理办法》(退役军人事务部第 6 号令)";将该办法第十九条中的"盲人按摩医院(诊所)建设标准(试行)(残联〔2021〕7 号)"修改为"盲人按摩医院(诊所)建设标准(试行)(残联发〔2021〕7 号)"。

中央储备糖管理办法

(2021 年 3 月 5 日国家发展改革委、财政部令第 41 号公布　根据 2023 年 7 月 11 日国家发展改革委令第 3 号修订)

第一章　总　　则

第一条　为加强中央储备糖规范管理,确保数量真实、质量合格、储存安全、节约高效,确保管得好、拿得出、调得快、用得上,制定本办法。

第二条　本办法所称中央储备糖,是指中央政府为实施市场调控、稳定市场预期、应对突发事件引发的市场异常波动而储备的食糖,包括原糖和白砂糖。

中央储备糖实行严格的计划管理,任何单位和个人不得侵占、破坏、挪用。

第三条　从事中央储备糖管理、监督检查等活动,适用本办法。

第二章　职　责　分　工

第四条　国家发展改革委负责中央储备糖市场调控管理,会同国家粮食和物资储备局、财政部研究提出中央储备糖规划、总量计划和年度调控意见,报国务院批准后协调落实。

第五条 国家粮食和物资储备局负责中央储备糖行政管理,负责中央储备糖利息费用补贴的预算编制、申请及使用管理,对中央储备糖数量、质量、储存安全及计划执行情况实施监督检查。

第六条 财政部负责中央储备糖财政财务管理,安排和管理中央储备糖财政补贴资金,组织指导财政部各地监管局开展财务秩序和财政资金监管,定期清算并根据需要开展绩效评估评价。

第七条 中国农业发展银行负责按照国家有关信贷政策和中央储备糖计划,及时发放和收回中央储备糖贷款,对发放的中央储备糖贷款实施信贷监管,确保资金安全。

第八条 国家发展改革委、国家粮食和物资储备局会同财政部指定储备运营机构。储备运营机构负责中央储备糖的日常管理,储备运营业务与商业经营实行人员、实物、财务、账务管理严格分开,严格执行国家有关部门行政指令,具体实施中央储备糖收储、销售、轮换、动用计划,按月报告计划落实情况、储备管理情况和有关统计报表,对中央储备糖数量、质量和储存安全负责。

第三章 计 划 管 理

第九条 中央储备糖的总量规模、品种结构、区域布局,由国家发展改革委会同国家粮食和物资储备局、财政部,根据国家宏观调控需要和财政承受能力等,结合绩效评估评价结果提出建议,报国务院批准。国家发展改革委会同国家粮食和物资储备局、财政部确定收储、销售的原则、方式、数量和时机等,国家粮食和物资储备局会同国家发展改革委、财政部下达收储、销售计划。

第十条 中央储备糖原则上实行均衡轮换。原糖年度轮换数量按15-20%比例掌握,根据市场调控需要可适当增减,原则上不超过库存总量的30%;白砂糖原则上每年轮换一次。

第十一条 中央储备糖的轮换,由储备运营机构统筹中央储备糖储存品质、年限、承储企业的管理情况等因素,于每年 11 月底前研究提出下一年度轮换计划建议,报送国家粮食和物资储备局、财政部和国家发展改革委。国家发展改革委会同国家粮食和物资储备局、财政部确定轮换原则、方式、数量和时机等,国家粮食和物资储备局、财政部会同国家发展改革委下达轮换计划。

第十二条 中央储备糖收储、销售、轮换相关费用构成、标准以及盈亏处理等,由财政部会同国家粮食和物资储备局等有关部门按规定确定。

第十三条 中央储备糖的动用,由国家发展改革委会同国家有关部门提出建议,经国务院批准后,由国家粮食和物资储备局会同有关部门下达动用计划。

第十四条 发生下列情形之一的,可以动用中央储备糖:

(一)全国或部分地区食糖明显供不应求或市场价格异常波动的;

(二)发生重大自然灾害或其他突发事件需要动用中央储备糖的;

(三)国务院认为需要动用中央储备糖的其他情形。

第十五条 储备运营机构具体实施中央储备糖的收储、销售、轮换、动用计划,并接受国家有关部门监督指导。因不可抗力等因素不能按时完成的,要及时报国家粮食和物资储备局、财政部和国家发展改革委批复。

第十六条 中央储备糖的收储、销售、轮换主要通过规范的交易平台以公开竞价交易方式进行。根据国家有关规定和要求,也可采取邀标竞价、委托包干、单一来源采购等方式进行。

第四章 仓储管理

第十七条 储备运营机构按照中央储备糖区域布局等要求,根据国家有关部门制定的中央储备糖储存库资质条件等相关标准,选择其直属企业储存,也可采取公开、公平、公正的方式选择具备条件的其他企业代储。储备运营机构要将直属企业和代储企业(统称承储企业)名单、具体储存库点和储存数量、质量及时报告国家粮食和物资储备局。

第十八条　储备运营机构和承储企业不得擅自变更中央储备糖储存库点,不得擅自串换中央储备糖品种,不得虚报中央储备糖数量,不得故意拖延中央储备糖出入库。

第十九条　储备运营机构和承储企业要严格执行国家关于中央储备糖管理的规章制度、标准,健全完善内部管理制度和工作机制,严格仓储管理,加强质量安全管理。要加强中央储备糖经常性检查,及时排查风险隐患,妥善处理数量、质量和储存安全等方面问题,并由储备运营机构及时报告国家粮食和物资储备局。

中央储备糖出现数量、质量和储存安全问题造成的损失,由储备运营机构先行赔偿,再向相关责任单位追偿。

第二十条　承储企业要对中央储备糖实行专仓储存、专人保管、专账记载和挂牌明示,不同年份、不同品种应分垛码放,保证账账相符、账实相符、质量合格和储存安全。

第二十一条　承储企业应当对中央储备糖进行糖权公示,在储存中央储备糖的仓房仓门、外墙涂刷明显标识,悬挂统一标牌。

第二十二条　因不可抗力等因素需安排中央储备糖移库的,由储备运营机构提出移库计划建议,经国家粮食和物资储备局、财政部和国家发展改革委同意后具体实施。

第二十三条　在库中央储备糖应当统一办理财产保险,由储备运营机构在财政部北京监管局监督下通过招标方式进行。

第五章　质量管理

第二十四条　中央储备糖应当符合国家有关质量要求,其中储备白砂糖应当符合国标一级及以上。中央储备原糖出库加工的白砂糖投放食品市场应当符合食品安全标准要求。

第二十五条　中央储备糖出入库质量检验,由储备运营机构委托经国家粮食和物资储备局认可的第三方检验机构进行。储备运营机构将检验结果及时汇总报国家粮食和物资储备局,并向承储企业提供出入库质量检验结果。承储企业如对质量检验结果有异议,应在收到检验报告7个工作日内向国家粮食和物资储备局提出书面复检申请,国家粮食和物资储备局按有关规定进行处理。

第二十六条　中央储备糖在库质量安全管理执行定期质量监测制度,由国家粮食和物资储备局组织实施,每年对储备原糖开展一次监测,监测批次比例不低于10%;每年对储备白砂糖开展一次逐批次全覆盖监测。

第六章　监督检查

第二十七条　国家粮食和物资储备局、财政部按照各自职责,依法对储备运营机构和承储企业中央储备糖管理情况进行监督检查和核查。在监督检查和核查过程中,可以行使下列职权:

(一)进入承储企业检查中央储备糖数量、质量和储存安全;

(二)向有关单位和人员了解中央储备糖收储、销售、轮换、动用等计划执行情况;

(三)调阅中央储备糖管理有关资料、凭证;

(四)对违法违规行为,依法依规予以处理。

第二十八条　中国农业发展银行按照信贷政策和规定,加强对中央储备糖贷款的信贷监管。储备运营机构应及时提供有关资料和情况。

第二十九条　国家粮食和物资储备局垂直管理局负责辖区内中央储备糖日常监管和计划执行情况的监督检查,督促承储企业严格落实中央储备糖计划,按规定对有关库存案件进行查处,提出处理和追责建议。

国家粮食和物资储备局垂直管理局检查发现承储企业未执行中央储备糖有关管理规定,存在管理不规范、质量把关不严格、制度执行不力等问题,应及时向承储企业指出,责令其予以改正;发现承储企业存在严重违纪违规、不适于储存中央储备糖等情况,应及时向国家粮食和物资储备局报告。

第三十条　储备运营机构及承储企业对国家有关部门单位的监督检查和核查,应当予以配合。任何单位和个人不得拒绝、阻挠、干涉国家有关部门单位的监督检查和核查。

第三十一条　储备运营机构应加强对承储企业中央储备糖管理情况的内部管控,及时发现并解决问题。重大问题报请国家粮食和物资储备局、财政部处理。

第七章　罚　　则

第三十二条　国家工作人员违反本办法规定,有下列行为之一的,依照《中华人民共和国公务员法》等有关规定,给予相应处分;构成犯罪的,依法追究刑事责任:

(一)不及时下达中央储备糖收储、销售、轮换、动用计划的;

(二)发现承储企业存在不适于储存中央储备糖的情况不责成其限期整改的;

(三)接到举报、发现违规问题不及时查处的;

(四)有其他违反本办法行为的。

第三十三条　储备运营机构违反本办法规定,有下列行为之一的,由国家粮食和物资储备局、财政部按照各自职责,责成储备运营机构限期整改;情节严重的,扣拨管理费补贴,对直接负责的主管人员和其他直接责任人员提出处理建议,按权限由有关部门或单位给予相应处分;构成犯罪的,依法追究刑事责任:

(一)拒不实施或擅自改变中央储备糖收储、销售、轮换、动用计划的;

（二）选择不符合有关资质条件的企业承储中央储备糖的；

（三）发现中央储备糖数量、质量和储存安全等方面问题不及时采取措施处理并按照规定报告的；

（四）有其他违反本办法行为的。

第三十四条 承储企业违反本办法规定，有下列行为之一的，由国家粮食和物资储备局、财政部、国家粮食和物资储备局垂直管理局按照各自职责，责成其限期整改；情节严重的，调出其承储的中央储备糖，责令退回财政补贴；有违法所得的，由财政部按有关规定收缴；构成犯罪的，依法追究刑事责任：

（一）拒不执行或擅自改变中央储备糖收储、销售、轮换、动用计划的；

（二）擅自动用中央储备糖的；

（三）以中央储备糖对外担保或清偿债务的；

（四）虚报、瞒报中央储备糖数量的；

（五）在中央储备糖中掺杂掺假，以次充好的；

（六）擅自串换中央储备糖品种，变更中央储备糖储存库点的；

（七）未对中央储备糖实行专仓储存、专人保管、专账记载，中央储备糖账账不符、账实不符的；

（八）因管理不善等人为因素造成中央储备糖数量、质量和储存安全等方面出现问题的；

（九）有其他违反本办法行为的。

第八章　附　　则

第三十五条 本办法由国家发展改革委会同财政部、国家粮食和物资储备局负责解释。

第三十六条 本办法自 2021 年 4 月 10 日起施行，2008 年 1 月 24 日发布的《中央储备糖管理办法》（商务部 国家发展改革委 财政部令 2008 年第 1 号）同时废止。

非法移民遣返机构工作规定

（2023年8月25日公安部令第167号公布　自2023年10月1日起施行　国司备字［2023009300］）

目　录

第一章　总　　则

第一条　为了规范非法移民遣返机构（以下简称遣返机构）管理，保障遣返机构依法履行职责，保护被羁押、遣返人员的合法权益，根据《中华人民共和国人民警察法》《中华人民共和国出境入境管理法》《中华人民共和国外国人入境出境管理条例》等法律、行政法规，制定本规定。

第二条　遣返机构包括遣返中心及其下辖的遣返站，由国家移民管理局领导管理。

第三条　遣返机构负责羁押违反出境入境管理法律法规被拘留审查的外国人以及被决定遣送出境、驱逐出境但无法立即执行

120

的外国人,依法对被羁押人员开展身份调查、执行遣返。

第四条 遣返机构开展羁押、遣返工作,应当做到依法、规范、安全。

第五条 遣返机构应当依法保护被羁押、遣返人员的合法权益,尊重其人格尊严、宗教信仰,不得侮辱、体罚、虐待。

被羁押、遣返人员应当遵守法律法规和遣返机构的管理规定。

第二章 接　收

第六条 县级以上地方人民政府公安机关或者出入境边防检查机构(以下统称办案部门)向遣返机构移送被羁押人员,应当出具拘留审查决定书或者遣送出境决定书、驱逐出境决定书等法律文书,并提供县级以上综合医院出具的体检证明。

第七条 遣返机构接收被羁押人员,应当由两名以上人民警察进行。接收时,应当对被羁押人员的身体和携带物品进行检查。

对女性的身体检查,应当由女性人民警察进行。

对检查发现的违禁品和其他与案件有关的物品,应当交由办案部门依法处理。

第八条 接收被羁押人员,遣返机构应当向办案部门出具回执。

遣返机构应当告知被羁押人员在羁押期间依法享有的权利和应当遵守的管理规定。对不通晓我国语言文字的,遣返机构应当为其提供翻译。

第九条 被羁押人员在羁押期间可以随身携带适量、必要的生活用品,其他财物交由遣返机构代为保管。

办案部门向遣返机构移交代为保管的被羁押人员财物,应当由办案部门人民警察、遣返机构人民警察、被羁押人员共同签字确认。

第十条 移送的被羁押人员有《中华人民共和国出境入境管

理法》第六十一条第一款规定情形之一的,遣返机构不予接收。已经接收的,应当经遣返中心主要负责人批准后通知办案部门接回处理。

第三章 羁 押

第十一条 遣返机构应当建立被羁押人员档案,登记被羁押人员信息,并由专人管理。

第十二条 遣返机构应当根据被羁押人员情况实行分区羁押,并采取相应的监管措施。

不同性别人员应当分别羁押。女性被羁押人员的直接管理由女性人民警察进行。

第十三条 遣返机构实行二十四小时值班巡查制度。值班人员应当坚守岗位,按规定开展巡视检查。

巡视检查由人民警察负责组织实施。羁押女性的场所由女性人民警察负责巡视检查。

使用视频监控系统实施巡视检查的,视频录像资料保存期限不得少于九十日。

第十四条 遣返机构应当定期开展安全检查,及时消除安全隐患。

第十五条 遣返机构应当制定突发事件应急处置预案,定期组织演练。遇有突发情况时,应当立即启动预案,快速妥善处置。

第十六条 被羁押人员有下列行为之一的,遣返机构应当立即制止;涉嫌违法犯罪的,移送遣返机构所在地公安机关依法处理:

(一)不服从羁押管理,寻衅滋事的;

(二)预谋或者实施脱逃、行凶、自杀、自伤的;

(三)殴打、体罚、虐待、欺侮其他被羁押人员的;

(四)传授违法犯罪方法或者教唆他人违法犯罪的;

（五）袭击人民警察及其他工作人员的；

（六）故意破坏遣返机构设施设备或者损毁他人财物的；

（七）持有违禁物品的；

（八）违反遣返机构管理规定的其他行为。

第四章　调　　查

第十七条　对国籍、身份不明的被羁押人员，遣返机构应当及时调查其国籍、身份。

遣返机构向有关单位或者人员核实被羁押人员国籍、身份相关信息的，有关单位或者人员应当予以协助配合。

第十八条　办案部门人民警察依法询问被羁押人员的，遣返机构应当予以安排。

第十九条　办案部门因办理案件需要将被羁押人员临时带离遣返机构的，应当经遣返中心或者遣返站主要负责人批准。

执行临时带离任务的人民警察不得少于两人，每次临时带离时间不得超过二十四小时。办案部门应当确保被羁押人员在临时带离期间的人身安全。

办案部门送回被羁押人员时，遣返机构应当对其体表和携带物品进行检查。

第二十条　遣返机构发现被羁押人员在被遣返机构接收前有其他违法犯罪嫌疑的，应当通知办案部门依法处理。

第二十一条　被羁押人员提出举报、控告，申请行政复议或者提供其他案件线索的，遣返机构应当在二十四小时内将相关材料转送有关单位。

第五章　生活卫生和通信会见

第二十二条　羁押场所应当坚固、通风、透光、清洁，能够防潮、防暑、防寒。

第二十三条　遣返机构应当为被羁押人员提供必要的居住、饮食等物质生活保障,尊重其民族饮食习惯,保证被羁押人员每日不少于 2 小时的羁室外活动时间。

不得强迫被羁押人员从事生产劳动。

第二十四条　遣返机构应当做好羁押场所的卫生防疫,对患有疾病的被羁押人员及时予以治疗。

第二十五条　被羁押人员依法享有接受其国籍国驻华外交、领事官员探视和通信、会见等权利。

被羁押人员拒绝探视、会见的,应当出具书面声明。

第六章　解 除 羁 押

第二十六条　被羁押人员有下列情形之一的,遣返机构应当立即解除羁押:

(一)办案部门决定解除对其拘留审查的;

(二)拘留审查期限届满的;

(三)拘留审查决定被撤销的;

(四)遣送出境决定被撤销的。

第二十七条　被羁押人员有下列情形之一的,遣返机构应当解除羁押,并移交办案部门:

(一)办案部门自行执行遣返的;

(二)被依法决定行政拘留的;

(三)被依法决定执行刑事强制措施的;

(四)涉及其他案件需要移交的。

移交被羁押人员时,遣返机构应当与办案部门履行交接手续。

第二十八条　对被决定遣送出境、驱逐出境的被羁押人员,具备执行条件时,应当立即解除羁押并执行遣返。

第二十九条　解除羁押的,应当向被羁押人员出具解除羁押证明书,返还代为保管的本人财物。

第七章 执行遣返

第三十条 对被决定遣送出境、驱逐出境的被羁押人员,遣返机构可以按照就近就便的原则,确定遣返至下列国家(地区):

(一)国籍国;

(二)入境前的居住国(地区);

(三)出生地国(地区);

(四)入境前的出境口岸所属国(地区);

(五)其他允许其入境的国家(地区)。

第三十一条 遣返机构执行遣返,应当安排充足的警力,确保押送安全。

被遣返人员为女性的,应当安排女性人民警察参与执行遣返。

第八章 执法监督

第三十二条 遣返机构的人民警察执行职务,依法接受国家移民管理局和上级遣返机构的监督。遣返机构应当依照本规定和其他有关法律法规的规定,建立健全内部监督制度,对人民警察执法活动进行监督检查。

第三十三条 个人或者组织对遣返机构人民警察的违法违纪行为,有权向有关部门提出检举、控告。

第三十四条 遣返机构的人民警察有滥用职权、玩忽职守或者其他违法行为的,依法给予处分;构成犯罪的,依法追究刑事责任。

第九章 附   则

第三十五条 对羁押在拘留所的违反出境入境管理法律法规

被拘留审查或者被决定遣送出境、驱逐出境但无法立即执行的外国人,应当建立向遣返机构移送工作机制,具体办法另行制定。

第三十六条　遣返机构的执法和管理文书式样,由国家移民管理局统一制定。

第三十七条　本规定自 2023 年 10 月 1 日起施行。

保险销售行为管理办法

（2023 年 9 月 20 日国家金融监督管理总局令 2023 年第 2 号公布　自 2024 年 3 月 1 日起施行　国司备字 [2023009338]）

第一章　总　　则

第一条　为保护投保人、被保险人、受益人的合法权益,规范保险销售行为,统一保险销售行为监管要求,根据《中华人民共和国保险法》《国务院办公厅关于加强金融消费者权益保护工作的指导意见》等法律、行政法规和文件,制定本办法。

第二条　保险公司为订立保险合同所开展的销售行为,保险中介机构、保险销售人员受保险公司委托或者与保险公司合作为订立保险合同所开展的销售行为,应当遵守本办法的规定。

本办法所称保险公司不包括再保险公司。

本办法所称保险中介机构包括:保险代理机构和保险经纪人。保险代理机构包括专业代理机构和兼业代理机构。

本办法所称保险销售人员包括:保险公司中从事保险销售的员工、个人保险代理人及纳入销售人员管理的其他用工形式的人员,保险代理机构中从事保险代理的人员,保险经纪人中从事保险经纪业务的人员。

第三条　除下列机构和人员外,其他机构和个人不得从事保险销售行为：

（一）保险公司和保险中介机构；

（二）保险销售人员。

保险公司、保险中介机构应当为其所属的保险销售人员办理执业登记。

第四条 保险销售行为应当遵循依法合规、平等自愿、公平适当、诚实守信等原则,尊重和保障投保人、被保险人、受益人的合法权益。

第五条 本办法所称保险销售行为包括保险销售前行为、保险销售中行为和保险销售后行为。

保险销售前行为是指保险公司及受其委托或者与其合作的保险中介机构、保险销售人员为订立保险合同创造环境、准备条件、招揽保险合同相对人的行为。

保险销售中行为是指保险公司及受其委托或者与其合作的保险中介机构、保险销售人员与特定相对人为订立保险合同就合同内容进行沟通、商谈,作出要约或承诺的行为。

保险销售后行为是指保险公司及受其委托或者与其合作的保险中介机构、保险销售人员履行依照法律法规和监管制度规定的以及基于保险合同订立而产生的保单送达、回访、信息通知等附随义务的行为。

第六条 保险公司、保险中介机构应当以适当方式、通俗易懂的语言定期向公众介绍保险知识、发布保险消费风险提示,重点讲解保险条款中的专业性词语、集中性疑问、容易引发争议纠纷的行为以及保险消费中的各类风险等内容。

第七条 保险公司、保险中介机构应当按照合法、正当、必要、诚信的原则收集处理投保人、被保险人、受益人以及保险业务活动相关当事人的个人信息,并妥善保管,防止信息泄露;未经该个人同意,保险公司、保险中介机构、保险销售人员不得向他人提供该个人的信息,法律法规规章另有规定以及开展保险业务所必需的除外。

保险公司、保险中介机构应当加强对与其合作的其他机构收集处理投保人、被保险人、受益人以及保险业务活动相关当事人个人信息的行为管控,在双方合作协议中明确其他机构的信息收集处理行为要求,定期了解其他机构执行协议要求情况,发现其他机构存在违反协议要求情形时,应当及时采取措施予以制止和督促纠正,并依法追究该机构责任。

第八条 保险公司、保险中介机构应当履行销售管理主体责任,建立健全保险销售各项管理制度,加强对与其有委托代理关系的保险销售人员身份和保险销售业务真实性管理,定期自查、评估制度有效性和落实情况;应当明确各级机构及其高级管理人员销售管理责任,建立销售制度执行、销售管控和内部责任追究机制,不得违法违规开展保险销售业务,不得利用开展保险销售业务为其他机构或者个人牟取不正当利益。

第九条 具有保险销售业务合作关系的保险公司、保险中介机构应当在相关协议中确定合作范围,明确双方的权利义务。保险公司与保险中介机构的保险销售业务合作关系应当真实,不得通过虚假合作套取费用。

保险中介机构应当依照相关法律法规规定及双方业务合作约定,并以相关业务开展所必需为限,将所销售的保险业务相关信息以及投保人、被保险人、受益人信息如实完整及时地提供给与其具有保险销售业务合作关系的保险公司,以利于保险公司与投保人订立保险合同。

保险公司应当支持与其具有保险销售业务合作关系的保险中介机构为投保人提供专业服务,依照相关法律法规规定及双方业务合作约定,并以相关业务开展所必需为限,将该保险中介机构所销售的保险业务相关保单存续期管理信息如实完整及时地提供给该保险中介机构,以利于该保险中介机构为投保人提供后续服务。

保险公司应当加强对与其具有保险销售业务合作关系的保险

中介机构保险销售行为合规性监督,定期了解该保险中介机构在合作范围内的保险销售行为合规情况,发现该保险中介机构在从事保险销售中存在违反法律法规及合作协议要求情形时,应当及时采取措施予以制止和督促纠正,并依法追究该保险中介机构责任。

具有保险销售业务合作关系的保险公司、保险中介机构应当通过技术手段,实现双方业务信息系统的互联互通、数据对接。

第十条 国家金融监督管理总局(以下简称金融监管总局)依据《中华人民共和国保险法》,对保险销售行为履行监督管理职责。

金融监管总局派出机构依据授权对保险销售行为履行监督管理职责。

第二章 保险销售前行为管理

第十一条 保险公司、保险中介机构不得超出法律法规和监管制度规定以及监管机构批准核准的业务范围和区域范围从事保险销售行为。保险销售人员不得超出所属机构的授权范围从事保险销售行为。

第十二条 保险公司、保险中介机构开展保险销售行为,应当具备相应的业务、财务、人员等信息管理系统和核心业务系统,确保系统数据准确、完整、更新及时,并与监管机构要求录入各类监管信息系统中的数据信息保持一致。

第十三条 保险公司应当依法依规制订保险合同条款,不得违反法律法规和监管制度规定,确保保险合同双方权利义务公平合理;按照要素完整、结构清晰、文字准确、表述严谨、通俗易懂等原则制订保险合同条款,推进合同文本标准化。

保险合同及相关文件中使用的专业名词术语,其含义应当符合国家标准、行业标准或者通用标准。

第十四条 保险公司应当按照真实、准确、完整的原则,在其官方网站、官方 APP 等官方线上平台公示本公司现有保险产品条款信息和该保险产品说明。保险产品说明应当重点突出该产品所使用条款的审批或者备案名称、保障范围、保险期间、免除或者减轻保险人责任条款以及保单预期利益等内容。

保险产品条款发生变更的,保险公司应当于变更条款正式实施前更新所对外公示的该保险产品条款信息和该保险产品说明。

保险公司决定停止使用保险产品条款的,除法律法规及监管制度另有规定的外,应当在官方线上平台显著位置和营业场所公告,并在公示的该保险产品条款信息和该保险产品说明的显著位置标明停止使用的起始日期,该起始日期不得早于公告日期。

第十五条　保险公司应当建立保险产品分级管理制度,根据产品的复杂程度、保险费负担水平以及保单利益的风险高低等标准,对本机构的保险产品进行分类分级。

第十六条　保险公司、保险中介机构应当支持行业自律组织发挥优势推动保险销售人员销售能力分级工作,在行业自律组织制定的销售能力分级框架下,结合自身实际情况建立本机构保险销售能力资质分级管理体系,以保险销售人员的专业知识、销售能力、诚信水平、品行状况等为主要标准,对所属保险销售人员进行分级,并与保险公司保险产品分级管理制度相衔接,区分销售能力资质实行差别授权,明确所属各等级保险销售人员可以销售的保险产品。

第十七条　保险公司、保险中介机构应当建立保险销售宣传管理制度,确保保险销售宣传符合下列要求:

(一)在形式上和实质上未超出保险公司、保险中介机构合法经营资质所载明的业务许可范围及区域;

(二)明示所销售宣传的是保险产品;

(三)不得引用不真实、不准确的数据和资料,不得隐瞒限制条件,不得进行虚假或者夸大表述,不得使用偷换概念、不当类比、隐去假设等不当宣传手段;

（四）不得以捏造、散布虚假事实等手段恶意诋毁竞争对手，不得通过不当评比、不当排序等方式进行宣传，不得冒用、擅自使用与他人相同或者近似等可能引起混淆的注册商标、字号、宣传册页；

（五）不得利用监管机构对保险产品的审核或者备案程序，不得使用监管机构为该保险产品提供保证等引人误解的不当表述；

（六）不得违反法律、行政法规和监管制度规定的其他行为。

第十八条 保险销售人员未经授权不得发布保险销售宣传信息。

保险公司、保险中介机构对所属保险销售人员发布保险销售宣传信息的行为负有管理主体责任，对保险销售人员发布的保险销售宣传信息，应当进行事前审核及授权发布；发现保险销售人员自行编发或者转载未经其审核授权发布的保险销售宣传信息的，应当及时予以制止并采取有效措施进行处置。

第十九条 保险公司决定停止销售某一保险产品或者调整某一保险产品价格的，应当在官方线上平台显著位置和营业场所公告，但保险公司在经审批或者备案的费率浮动区间或者费率参数调整区间内调整价格的除外。公告内容应当包括停止销售或者调整价格的保险产品名称、停止销售或者价格调整的起始日期等信息，其中起始日期不得早于公告日期。

前款公告的停止销售或者调整价格的起始日期经过后，保险公司应当按照公告内容停止销售相应保险产品或者调整相应保险产品价格。

在保险公司未就某一保险产品发出停止销售或者调整价格的公告前，保险销售人员不得在保险销售中向他人宣称某一保险产品即将停止销售或者调整价格。

第二十条 保险公司、保险中介机构应当加强保险销售渠道业务管理，落实对保险销售渠道业务合规性的管控责任，完善保险销售渠道合规监督，不得利用保险销售渠道开展违法违规活动。

第三章　保险销售中行为管理

第二十一条　保险公司应当通过合法方式，了解投保人的保险需求、风险特征、保险费承担能力、已购买同类保险的情况以及其他与销售保险产品相关的信息，根据前述信息确定该投保人可以购买本公司保险产品类型和等级范围，并委派合格保险销售人员销售该等级范围内的保险产品。

保险中介机构应当协助所合作的保险公司了解前款规定的投保人相关信息，并按照所合作保险公司确定的该投保人可以购买的保险产品类型和等级范围，委派合格保险销售人员销售该等级范围内的保险产品。

第二十二条　保险公司、保险中介机构销售人身保险新型产品的，应当向投保人提示保单利益的不确定性，并准确、全面地提示相关风险；法律、行政法规和监管制度规定要求对投保人进行风险承受能力测评的，应当进行测评，并根据测评结果销售相适应的保险产品。

第二十三条　保险公司、保险中介机构及其保险销售人员不得使用强制搭售、信息系统或者网页默认勾选等方式与投保人订立保险合同。

前款所称强制搭售是指因保险公司、保险中介机构的原因，致使投保人不能单独就某一个保险产品或者产品组合与保险公司订立保险合同的情形，以及自然人、法人、非法人组织在购买某一非保险类金融产品或者金融服务时，在未被告知保险产品或者保险服务的存在、未被提供自主选择权利行使条件的情况下，被要求必须同时与指定保险公司就指定保险产品订立保险合同的情形。

第二十四条　保险公司、保险中介机构以互联网方式销售保险产品的，应当向对方当事人提示本机构足以识别的名称。

保险销售人员以面对面方式销售保险产品的，应当向对方当事人出示执业证件;以非面对面方式销售保险产品的,应当向对方当事人说明本人姓名、所属保险公司或者保险中介机构全称、本人执业证件编号。

第二十五条 订立保险合同,采用保险公司提供的格式条款的,保险公司或者受其委托及与其合作的保险中介机构、保险销售人员应当在投保人投保前以适当方式向投保人提供格式条款及该保险产品说明,并就以下内容向投保人作出明确提示:

(一)双方订立的是保险合同;

(二)保险合同的基本内容,包括保险产品名称、主要条款、保障范围、保险期间、保险费及交费方式、赔偿限额、免除或者减轻保险人责任的条款、索赔程序、退保及其他费用扣除、人身保险的现金价值、犹豫期、宽限期、等待期、保险合同效力中止与恢复等;

(三)提示投保人违反如实告知义务的后果;

(四)保险公司、保险中介机构服务电话,以及咨询、报案、投诉等的途径方式;

(五)金融监管总局规定的其他提示内容。

保险公司、保险中介机构在销售保险产品时,经投保人同意,对于权利义务简单且投保人在三个月内再次投保同一保险公司的同一保险产品的,可以合理简化相应的提示内容。

第二十六条 订立保险合同时,保险公司及受其委托及与其合作的保险中介机构、保险销售人员应当对免除或者减轻保险人责任的条款,以足以引起投保人注意的文字、字体、符号或者其他明显标志作出提示,并对有关免除保险人责任条款的概念、内容及其法律后果以书面或者口头形式向投保人作出明确的常人能够理解的解释说明。

免除或者减轻保险人责任的条款包括责任免除条款、免赔额、免赔率、比例赔付或者给付等。

第二十七条 订立保险合同,保险公司应当提示投保人履行如实告知义务。

保险公司及受其委托及与其合作的保险中介机构、保险销售人员应当就保险标的或者被保险人的有关情况提出有具体内容的询问,以投保单询问表方式进行询问的,投保单询问表中不得有概括性条款,但该概括性条款有具体内容的除外。

投保人的如实告知义务限于保险公司及受其委托的保险中介机构、保险销售人员询问范围和内容,法律法规另有规定的除外。

第二十八条 保险公司、保险中介机构、保险销售人员在销售保险时,发现投保人具有下列情形之一的,应当建议投保人终止投保:

(一)投保人的保险需求与所销售的保险产品明显不符的;

(二)投保人持续承担保险费的能力明显不足的;

(三)投保人已购买以补偿损失为目的的同类型保险,继续投保属于重复保险或者超额保险的。

投保人不接受终止投保建议,仍然要求订立保险合同的,保险公司、保险中介机构应当向投保人说明有关风险,并确认销售行为的继续是出于投保人的自身意愿。

第二十九条 保险公司、保险中介机构应当按照有关法律法规和监管制度规定,要求投保人以书面或者其他可保存的形式,签署或者确认投保声明、投保提示书、免除或者减轻保险人责任条款的说明等文件,以及监管规定的相关文书材料。通过电话销售保险的,可以以签署投保单或者电话录音等方式确认投保人投保意愿。通过互联网开展保险销售的,可以通过互联网保险销售行为可回溯方式确认投保人投保意愿,并符合监管制度规定。

投保文书材料应当由投保人或者其书面委托的人员以签字、盖章或者其他法律法规认可的方式进行确认。保险销售人员不得代替保险业务活动相关当事人在订立保险合同的有关文书材料中确认。

第三十条 保险公司、保险中介机构应当严格按照经金融监管总局及其派出机构审批或者备案的保险条款和保险费率销售保险产品。

第三十一条　保险公司、保险中介机构应当按照相关监管制度规定，根据不同销售方式，采取录音、录像、销售页面管理和操作轨迹记录等方法，对保险产品销售行为实施可回溯管理。对可回溯管理过程中产生的视听资料及电子资料，应当做好备份存档。

第三十二条　保险公司、保险中介机构应当加强资金管理，建立资金管理机制，严格按照相关规定进行资金收付管理。

保险销售人员不得接受投保人、被保险人、受益人委托代缴保险费、代领退保金、代领保险金，不得经手或者通过非投保人、被保险人、受益人本人账户支付保险费、领取退保金、领取保险金。

第三十三条　投保人投保后，保险销售人员应当将所销售的保险业务相关信息以及投保人、被保险人、受益人信息如实完整及时地提供给其所在的保险公司、保险中介机构，以利于保险公司与投保人订立保险合同。

第四章　保险销售后行为管理

第三十四条　保险公司在核保通过后应当及时向投保人提供纸质或者电子保单，并按照相关政策提供发票。电子保单应当符合国家电子签名相关法律规定。保险公司应当在官方线上平台设置保单查询功能。

第三十五条　保险合同订立后，保险公司应当按照有关监管制度规定，通过互联网、电话等方式对金融监管总局规定的相关保险产品业务进行回访。回访内容包括确认投保人身份和投保信息的真实性、是否完整知悉合同主要内容以及其他应当披露的信息等。在回访中，保险公司工作人员应当如实与投保人进行答问，不得有误导、欺骗、隐瞒等行为，并如实记录回访过程。

保险公司在回访中发现存在销售误导的，应当按照规定及时予以处理。

按照相关监管制度规定,对保险产品销售行为实施可回溯管理,且对有关信息已确认的,可以根据监管规定合理简化回访要求。

第三十六条 保险公司、保险中介机构与其所属的保险销售人员解除劳动合同及其他用工合同或者委托合同,通过该保险销售人员签订的一年期以上的人身保险合同尚未履行完毕的,保险公司、保险中介机构应当在该保险销售人员的离职手续办理完成后的 30 日内明确通知投保人或者被保险人有关该保险销售人员的离职信息、保险合同状况以及获得后续服务的途径,不因保险销售人员离职损害投保人、被保险人合法利益。

保险公司与保险中介机构终止合作,通过该保险中介机构签订的一年期以上的人身保险合同尚未履行完毕的,保险公司应当在与该保险中介机构终止合作后的 30 日内明确通知投保人或者被保险人有关该保险公司与该保险中介机构终止合作的信息、保险合同状况以及获得后续服务的途径,不因终止合作损害投保人、被保险人合法利益。

保险销售人员因工作岗位变动无法继续提供服务的,适用上述条款规定。

第三十七条 保险销售人员离职后、保险中介机构与保险公司终止合作后,不得通过怂恿退保等方式损害投保人合法利益。

保险公司、保险中介机构应当在与保险销售人员签订劳动、劳务等用工合同或者委托合同时,保险公司应当在与保险中介机构签订委托合同时,要求保险销售人员或者保险中介机构就不从事本条第一款规定的禁止性行为作出书面承诺。

第三十八条 行业自律组织应当针对本办法第三十六条、第三十七条的规定建立行业自律约束机制,并督促成员单位及相关人员切实执行。

第三十九条 任何机构、组织或者个人不得违法违规开展保险退保业务推介、咨询、代办等活动,诱导投保人退保,扰乱保险市场秩序。

第四十条　保险公司应当健全退保管理制度,细化各项保险产品的退保条件标准,优化退保流程,不得设置不合法不合理的退保阻却条件。

保险公司应当在官方线上平台披露各项保险产品的退保条件标准和退保流程时限,并在保险合同签订前明确提示投保人该保险产品的退保条件标准和退保流程时限。

保险公司应当设立便捷的退保渠道,在收到投保人的退保申请后,及时一次性告知投保人办理退保所需要的全部材料。

第四十一条　保险公司、保险中介机构应当建立档案管理制度,妥善保管业务档案、会计账簿、业务台账、人员档案、投保资料以及开展可回溯管理产生的视听资料、电子数据等档案资料,明确管理责任,规范归档资料和数据的保管、保密和调阅程序。档案保管期限应当符合相关法律法规及监管制度规定。

第五章　监　督　管　理

第四十二条　保险公司、保险中介机构应当按照金融监管总局及其派出机构的规定,记录、保存、报送有关保险销售的报告、报表、文件和资料。

第四十三条　违反本办法第三条、第三十九条规定的,由金融监管总局及其派出机构依照《中华人民共和国保险法》等法律法规和监管制度的相关规定处理。

第四十四条　保险公司、保险中介机构、保险销售人员违反本办法规定和金融监管总局关于财产保险、人身保险、保险中介销售管理的其他相关规定,情节严重或者造成严重后果的,由金融监管总局及其派出机构依照法律、行政法规进行处罚;法律、行政法规没有规定的,金融监管总局及其派出机构可以视情况给予警告或者通报批评,处以一万元以上十万元以下罚款。

第四十五条　保险公司、保险中介机构违反本办法规定和金融监管总局关于财产保险、人身保险、保险中介销售管理的其他相关规定,情节严重或者造成严重后果的,金融监管总局及其派出机构除分别依照本办法有关规定对该单位给予处罚外,对其直接负责的主管人员和其他直接责任人员依照法律、行政法规进行处罚;法律、行政法规没有规定的,金融监管总局及其派出机构对其直接负责的主管人员和其他直接责任人员可以视情况给予警告或者通报批评,处以一万元以上十万元以下罚款。

第四十六条　违反本办法第三十六条、第三十七条规定的,金融监管总局及其派出机构可以视情况予以通报并督促行业自律组织对相关人员、保险公司、保险中介机构给予行业自律约束处理。

第六章　附　　则

第四十七条　保险公司、保险中介机构开展保险销售行为,除遵守本办法相关规定外,应当符合法律法规和金融监管总局关于财产保险、人身保险、保险中介销售管理的其他相关规定。

第四十八条　相互保险组织、外国保险公司分公司、保险集团公司适用本办法。

第四十九条　本办法由金融监管总局负责解释。

第五十条　本办法自 2024 年 3 月 1 日起施行。

交通运输部关于修改《中华人民共和国海员外派管理规定》的决定

（2023 年 9 月 20 日交通运输部令 2023 年第 10 号公布
自 2023 年 12 月 1 日起施行　国司备字〔2023009278〕）

交通运输部决定对《中华人民共和国海员外派管理规定》(交

通运输部令 2021 年第 19 号)作如下修改:

一、将第三条第二款修改为:"交通运输部海事局统一负责全国海员外派的监督管理工作";第三款修改为:"交通运输部直属海事管理机构(以下简称直属海事管理机构)依照各自职责负责具体实施海员外派的监督管理工作"。

二、将第五条第三项修改为:"有 3 名以上熟悉海员外派业务的管理人员,其中至少有 2 名具有国际航行海船管理级船员任职资历的专职管理人员和 1 名具有两年以上海员外派相关从业经历的专职管理人员";第四项修改为:"有健全的内部管理制度和突发事件应急处置制度,包括船员服务质量、人员和资源保障、教育培训、服务业务报告和突发事件应急预案等内容"。

三、将第七条修改为:"机构申请从事海员外派,应当向其住所所在地的直属海事管理机构提出,住所所在地没有直属海事管理机构的,应当向交通运输部海事局指定的直属海事管理机构提出。"

四、将第八条修改为:"直属海事管理机构应当按照《交通行政许可实施程序规定》开展许可工作。"

五、将第九条修改为:"直属海事管理机构应当自受理申请之日起 15 个工作日内完成审核,做出批准或者不予批准的决定。予以批准的,颁发电子或者纸质的海员外派机构资质证书;不予批准的,书面通知申请人并说明理由。

海员外派机构资质证书有效期最长不超过 5 年,电子证书与纸质证书具有同等效力。"

六、将第十条修改为:"直属海事管理机构应当自颁发资质证书之日起 15 日内,将海员外派机构名单报送交通运输部海事局,并由交通运输部及时通报外交部及中国驻外使馆、领馆。"

七、将第十一条中的"到海事管理机构办理变更手续"修改为"向直属海事管理机构申请办理变更手续"。

八、删去第十三条第三款。

九、将第十四条中的"海员外派机构应当于每年的2月1日前向所在辖区的海事管理机构申请进行年审"修改为"海员外派机构应当在资质证书周年日前60日内向核发证书的直属海事管理机构申请进行年审"。

十、将第十六条修改为:"海员外派机构年审不合格的,直属海事管理机构应当责令限期改正并及时向社会公开,督促海员外派机构继续承担对已派出外派海员的管理责任;如期改正的,直属海事管理机构应当在海员外派机构资质证书的年审情况栏中注明情况,予以通过年审;逾期未改正且不再符合资质条件的,直属海事管理机构应当撤销其海员外派机构资质并依法办理注销手续。"

十一、删去第十七条。

十二、第十八条改为第十七条,将其中的"所在辖区的海事管理机构"修改为"核发证书的直属海事管理机构"。

十三、第十九条改为第十八条,将其中的"到核发证书的海事管理机构办理资质证书注销手续"修改为"向核发证书的直属海事管理机构申请办理资质证书注销手续"。

十四、第二十条改为第十九条,将第一款修改为:"海员外派机构应当按照规定缴存海员外派备用金。海员外派备用金实行专户存储,专款专用";第二款中的"备用金的使用管理"修改为"备用金的缴存金额、使用管理"。

十五、第二十三条改为第二十二条,第一款修改为:"海员外派机构为海员提供外派服务,应当与外派海员签订书面服务合同或者劳动合同";增加一款,作为第二款:"书面服务合同应当包括海员外派机构对外派海员工作期间的管理和服务责任、外派海员在境外发生紧急情况时的安置责任、违约责任等内容。劳动合同按照国家劳动合同相关法规执行";删去第三款。

十六、第二十六条改为第二十五条,第七项修改为:"境外船舶船东为保证外派海员获得人身意外、疾病等赔偿所取得的财务担保"。

十七、第二十八条改为第二十七条,修改为:"海员外派机构在

外派海员上船工作前,应当保证外派海员与境外船舶船东签订就业协议,协议应当至少包括下列内容:

(一)船舶配员服务协议中涉及外派海员利益的所有条款;

(二)境外船舶船东对外派海员工作期间的管理和服务责任;

(三)外派海员在境外发生紧急情况时境外船舶船东对其的安置责任;

(四)违约责任。

海员外派机构应当负责审查就业协议的内容,发现不符合船舶配员服务协议中有关外派海员权益保障的条款,不符合法律法规、相关国际公约规定或者存在侵害外派海员利益条款的,应当要求境外船舶船东及时予以纠正,并告知外派海员在境外船舶船东纠正前不得与其签订就业协议。"

十八、第三十一条改为第三十条,第一款第四项修改为:"外派海员书面服务合同或者劳动合同、船舶配员服务协议、就业协议等";第二款修改为:"海员外派机构应当按有关规定向直属海事管理机构报送统计数据和有关档案信息"。

十九、第三十三条改为第三十二条,修改为:"海员外派机构因停止经营或者资质被吊销、撤销的,应当对其外派在船的海员做出妥善安排,并将安排方案报直属海事管理机构备案。

直属海事管理机构应当将安排方案报送交通运输部海事局,并由交通运输部及时通报外交部及相关使馆、领馆。"

二十、将第四章名称修改为"境外突发事件处理"。

二十一、第三十四条改为第三十三条,修改为:"境外突发事件发生时,海员外派机构应当按照应急处理制度的规定,立即启动应急预案,并及时向所在地人民政府、直属海事管理机构报告。"

二十二、第三十六条改为第三十五条,修改为:"当海员外派机构拒绝承担或者无力承担发生境外突发事件责任时,直属海事管理机构可以动用海员外派备用金,用于支付外派海员回国或者接受其他紧急救助所需费用。"

二十三、第三十七条改为第三十六条,将其中的"30 日"改为"20 个工作日"。

二十四、第三十八条改为第三十七条,修改为:"境外突发事件的处理按《中华人民共和国海上交通安全法》和对外劳务合作有关规定执行。"

二十五、第四十三条改为第四十二条,将其中的"由海事管理机构提请市场监督管理部门依照《无证无照经营查处办法》的规定查处"修改为"由海事管理机构责令改正,处 2 万元以上 10 万元以下的罚款";删去第二项。

二十六、第四十四条改为第四十三条,第二项、第三项中的"上船协议"修改为"书面服务合同";增加一项,作为第五项:"停止开展海员外派业务,未对其派出的外派海员作出安排的"。

二十七、增加一条,作为第四十四条:"违反本规定,海员外派机构未足额缴存备用金或者未按时补足备用金的,由海事管理机构依照《对外劳务合作管理条例》第四十一条的规定进行处罚。"

二十八、增加一条,作为第四十五条:"违反本规定,海员外派机构未按规定报送信息的,由海事管理机构依照《中华人民共和国船员条例》第五十八条的规定进行处罚。"

二十九、第四十六条改为第四十七条,第一项修改为:"海员外派,指为非悬挂中华人民共和国国旗的船舶提供配员的船员服务活动";第二项修改为:"境外船舶船东,指非悬挂中华人民共和国国旗的船舶的所有人、经营人或者管理人";第四项修改为:"境外突发事件,指中国籍船员在执行外派工作任务期间发生的,因经济纠纷、自然灾害、社会动乱、海盗袭击、战争、公共卫生事件等原因造成或者可能造成危害或者影响,需要采取应急处置措施予以应对的事件"。

三十、增加一条,作为第四十九条:"海员外派机构资质证书的样式由交通运输部海事局统一规定。"

三十一、将第二十五条、第二十六条、第二十九条、第三十五条、第四十四条中的"境外船东"统一修改为"境外船舶船东"。

条文序号和个别文字作相应调整。

本决定自 2023 年 12 月 1 日起施行。

《中华人民共和国海员外派管理规定》根据本决定作相应修正,重新公布。

中华人民共和国海员外派管理规定

（2011 年 3 月 7 日交通运输部发布　根据 2016 年 4 月 11 日《交通运输部关于修改〈中华人民共和国海员外派管理规定〉的决定》第一次修正　根据 2019 年 11 月 28 日《交通运输部关于修改〈中华人民共和国海员外派管理规定〉的决定》第二次修正　根据 2021 年 8 月 11 日《交通运输部关于修改〈中华人民共和国海员外派管理规定〉的决定》第三次修正　根据 2023 年 9 月 20 日《交通运输部关于修改〈中华人民共和国海员外派管理规定〉的决定》第四次修正)

第一章　总　　则

第一条　为规范海员外派管理,提高我国外派海员的整体素质和国际形象,维护外派海员的合法权益,促进海员外派事业的健康发展,根据《中华人民共和国船员条例》和对外劳务合作等法律法规,制定本规定。

第二条　在中华人民共和国境内依法设立的机构从事海员外派活动,适用本规定。

第三条　交通运输部主管全国海员外派工作。

交通运输部海事局统一负责全国海员外派的监督管理工作。

交通运输部直属海事管理机构(以下简称直属海事管理机构)

依照各自职责负责具体实施海员外派的监督管理工作。

第四条 海员外派遵循"谁派出，谁负责"的原则。从事海员外派的机构应当对其派出的外派海员负责，做好外派海员在船工作期间及登、离船过程中的各项保障工作。

第二章　海员外派机构资质

第五条 从事海员外派的机构，应当符合下列条件：

（一）符合企业法人条件；

（二）实缴注册资本不低于600万元人民币；

（三）有3名以上熟悉海员外派业务的管理人员，其中至少有2名具有国际航行海船管理级船员任职资历的专职管理人员和1名具有两年以上海员外派相关从业经历的专职管理人员；

（四）有健全的内部管理制度和突发事件应急处置制度，包括船员服务质量、人员和资源保障、教育培训、服务业务报告和突发事件应急预案等内容；

（五）法定代表人没有故意犯罪记录。

第六条 申请从事海员外派的机构，应当提交符合本规定第五条规定的相关证明材料。

第七条 机构申请从事海员外派，应当向其住所所在地的直属海事管理机构提出，住所所在地没有直属海事管理机构的，应当向交通运输部海事局指定的直属海事管理机构提出。

第八条 直属海事管理机构应当按照《交通行政许可实施程序规定》开展许可工作。

第九条 直属海事管理机构应当自受理申请之日起15个工作日内完成审核，做出批准或者不予批准的决定。予以批准的，颁发电子或者纸质的海员外派机构资质证书；不予批准的，书面通知申请人并说明理由。

海员外派机构资质证书有效期最长不超过5年，电子证书与纸质证书具有同等效力。

第十条　直属海事管理机构应当自颁发资质证书之日起15日内,将海员外派机构名单报送交通运输部海事局,并由交通运输部及时通报外交部及中国驻外使馆、领馆。

第十一条　海员外派机构资质证书上记载的机构名称、地址、法定代表人等发生变更的,海员外派机构应当自变更发生之日起30个工作日内向直属海事管理机构申请办理变更手续。

第十二条　境外企业、机构在中国境内招收外派海员,应当委托海员外派机构进行。

外国驻华代表机构不得在境内开展海员外派业务。

第十三条　海员外派机构资质实施年审制度。

年审主要审查海员外派机构的资质条件符合情况及合法经营、规范运作情况。

第十四条　海员外派机构应当在资质证书周年日前60日内向核发证书的直属海事管理机构申请进行年审,并提交下列材料:

(一)年审申请文书;

(二)年审报告书,包含海员外派机构资质条件符合情况、各项制度有效运行以及本规定执行情况。

第十五条　海员外派机构通过年审的,直属海事管理机构应当在其海员外派机构资质证书的年审情况栏中予以签注。

第十六条　海员外派机构年审不合格的,直属海事管理机构应当责令限期改正并及时向社会公开,督促海员外派机构继续承担对已派出外派海员的管理责任;如期改正的,直属海事管理机构应当在海员外派机构资质证书的年审情况栏中注明情况,予以通过年审;逾期未改正且不再符合资质条件的,直属海事管理机构应当撤销其海员外派机构资质并依法办理注销手续。

第十七条　海员外派机构应当在海员外派机构资质证书有效期届满之日60日以前向核发证书的直属海事管理机构申请办理海员外派机构资质证书延续手续。申请办理海员外派机构资质证

书延续手续,应当提交下列材料:

(一)海员外派机构资质证书延续申请;

(二)本规定第六条规定的材料。

第十八条 有下列情形之一的,海员外派机构应当向核发证书的直属海事管理机构申请办理资质证书注销手续:

(一)海员外派机构自行申请注销的;

(二)法人依法终止的;

(三)海员外派机构资质证书被依法撤销或者吊销的。

第十九条 海员外派机构应当按照规定缴存海员外派备用金。海员外派备用金实行专户存储,专款专用。

备用金的缴存金额、使用管理应当遵守国家关于对外劳务合作备用金管理制度。

第三章 海员外派机构的责任与义务

第二十条 海员外派机构应当遵守国家船员管理、船员服务管理、船员证件管理、劳动和社会保障及对外劳务合作等有关规定,遵守中华人民共和国缔结或者加入的国际公约,履行诚实守信义务。

第二十一条 海员外派机构应当保证本规定第五条第(四)项所规定的各项海员外派管理制度的有效运行。

第二十二条 海员外派机构为海员提供外派服务,应当与外派海员签订书面服务合同或者劳动合同。

书面服务合同应当包括海员外派机构对外派海员工作期间的管理和服务责任、外派海员在境外发生紧急情况时的安置责任、违约责任等内容。劳动合同按照国家劳动合同相关法规执行。

外派海员与我国的航运公司或者其他相关行业单位签

订劳动合同的,海员外派机构在外派该海员时,应当事先经过外派海员用人单位同意。

第二十三条　海员外派机构应当依法为外派海员购买境外人身意外伤害保险。

第二十四条　海员外派机构应当在充分了解并确保境外船舶船东资信和运营情况良好的前提下,方可与境外船舶船东签订船舶配员服务协议。

第二十五条　海员外派机构与境外船舶船东签订的船舶配员服务协议,应当符合国内法律、法规和相关国际公约要求,并至少包括以下内容:

(一)海员外派机构及境外船舶船东的责任、权利和义务。包括外派船员的数量、素质要求,派出频率,培训责任,外派机构对船员违规行为的责任分担等;

(二)外派海员的工作、生活条件;

(三)协议期限和外派海员上下船安排;

(四)工资福利待遇及其支付方式;

(五)正常工作时间、加班、额外劳动和休息休假;

(六)船舶适航状况及船舶航行区域;

(七)境外船舶船东为保证外派海员获得人身意外、疾病等赔偿所取得的财务担保;

(八)社会保险的缴纳;

(九)外派海员跟踪管理;

(十)突发事件处理;

(十一)外派海员遣返;

(十二)外派海员伤病亡处理;

(十三)外派海员免责条款;

(十四)特殊情况及争议的处理;

(十五)违约责任。

海员外派机构应当将船舶配员服务协议中与外派海员利益有关的内容如实告知外派海员。

第二十六条　海员外派机构应当根据派往船舶的船旗国和公

司情况对外派海员进行相关法律法规、管理制度、风俗习惯和注意事项等任职前培训，并根据海员外派实际需要对外派海员进行必要的岗位技能训练。

第二十七条　海员外派机构在外派海员上船工作前，应当保证外派海员与境外船舶船东签订就业协议，协议应当至少包括下列内容：

（一）船舶配员服务协议中涉及外派海员利益的所有条款；

（二）境外船舶船东对外派海员工作期间的管理和服务责任；

（三）外派海员在境外发生紧急情况时境外船舶船东对其的安置责任；

（四）违约责任。

海员外派机构应当负责审查就业协议的内容，发现不符合船舶配员服务协议中有关外派海员权益保障的条款，不符合法律法规、相关国际公约规定或者存在侵害外派海员利益条款的，应当要求境外船舶船东及时予以纠正，并告知外派海员在境外船舶船东纠正前不得与其签订就业协议。

第二十八条　海员外派机构应当建立与境外船舶船东、外派海员的沟通机制，及时核查并妥善处理各种投诉。

海员外派机构应当对外派海员工作期间有关人身安全、身体健康、工作技能及职业发展等方面进行跟踪管理，为外派海员履行船舶配员服务协议提供必要支持。

第二十九条　海员外派机构不得因提供就业机会而向外派海员收取费用。

海员外派机构不得克扣外派海员的劳动报酬。

海员外派机构不得要求外派海员提供抵押金或者担保金等。

第三十条　海员外派机构应当为所服务的每名外派海员建立信息档案，主要包括：

（一）外派海员船上任职资历（包括所服务的船公司和船舶的名称、船籍港、所属国家、上船工作起止时间等情况）；

（二）外派海员基本安全培训、适任培训和特殊培训情况；

（三）外派海员适任状况、安全记录和健康情况；

（四）外派海员书面服务合同或者劳动合同、船舶配员服务协议、就业协议等。

海员外派机构应当按有关规定向直属海事管理机构报送统计数据和有关档案信息。

第三十一条　海员外派机构不得把海员外派到下列公司或者船舶：

（一）被港口国监督检查中列入黑名单的船舶；

（二）非经中国境内保险机构或者国际保赔协会成员保险的船舶；

（三）未建立安全营运和防治船舶污染管理体系的公司或者船舶。

第三十二条　海员外派机构因停止经营或者资质被吊销、撤销的，应当对其外派在船的海员做出妥善安排，并将安排方案报直属海事管理机构备案。

直属海事管理机构应当将安排方案报送交通运输部海事局，并由交通运输部及时通报外交部及相关使馆、领馆。

第四章　境外突发事件处理

第三十三条　境外突发事件发生时，海员外派机构应当按照应急处理制度的规定，立即启动应急预案，并及时向所在地人民政府、直属海事管理机构报告。

第三十四条　海员外派机构应当与境外船舶船东共同做好突发事件的处置工作。当境外船舶船东未能及时全面履行突发事件责任时，海员外派机构应当妥善处理突发事件，避免外派海员利益受损。

第三十五条　当海员外派机构拒绝承担或者无力承担发生境

外突发事件责任时,直属海事管理机构可以动用海员外派备用金,用于支付外派海员回国或者接受其他紧急救助所需费用。

第三十六条　海员外派备用金动用后,海员外派机构应当于20个工作日内补齐备用金。

第三十七条　境外突发事件的处理按《中华人民共和国海上交通安全法》和对外劳务合作有关规定执行。

第五章　监督检查

第三十八条　海事管理机构应当建立健全辖区内海员外派机构的管理档案,加强对海员外派机构的监督检查。

第三十九条　海事管理机构实施监督检查,可以询问当事人,向有关海员外派机构或者个人了解情况,查阅、复制有关资料,并保守被调查海员外派机构的商业秘密或者个人隐私。

接受海事管理机构监督检查的海员外派机构或者个人,应当如实反映情况和提供资料,不得以任何理由拒绝或阻扰检查。

第四十条　海事管理机构实施监督检查时发现海员外派机构不再具备规定条件的,由海事管理机构责令限期改正。

海员外派机构在规定期限内未能改正的,应当依法撤销海员外派机构资质,并依法办理海员外派机构资质证书的注销手续。

第四十一条　海事管理机构应当定期向社会公布海员外派机构名单及机构概况,以及依法履行相应职责和承担法律义务、维护外派海员合法权益、诚实守信等情况。

第六章　法律责任

第四十二条　违反本规定,未经批准擅自从事海员外派活动,有下列情形之一的,由海事管理机构责令改正,处2万元以上10万元以下的罚款:

（一）未取得海员外派机构资质擅自开展海员外派的；

（二）超出海员外派机构资质证书有效期擅自开展海员外派的；

（三）海员外派机构资质被依法暂停期间擅自开展海员外派的；

（四）伪造或者变造海员外派机构资质证书擅自开展海员外派的。

第四十三条　违反本规定，海员外派机构有下列情形之一的，由海事管理机构依照《对外劳务合作管理条例》第四十三条的规定进行处罚：

（一）未与境外船舶船东签订船舶配员服务协议，开展海员外派服务的；

（二）未与外派海员签订书面服务合同或者劳动合同，开展海员外派服务的；

（三）与外派海员签订书面服务合同或者劳动合同，隐瞒有关信息或者提供虚假信息的；

（四）在国外发生突发事件时不及时处理的；

（五）停止开展海员外派业务，未对其派出的外派海员作出安排的。

第四十四条　违反本规定，海员外派机构未足额缴存备用金或者未按时补足备用金的，由海事管理机构依照《对外劳务合作管理条例》第四十一条的规定进行处罚。

第四十五条　违反本规定，海员外派机构未按规定报送信息的，由海事管理机构依照《中华人民共和国船员条例》第五十八条的规定进行处罚。

第四十六条　海事管理机构工作人员有下列情形之一的，依法给予行政处分：

（一）违反规定批准海员外派机构资质；

（二）不依法履行监督检查职责；

（三）不依法实施行政强制或者行政处罚；

（四）滥用职权、玩忽职守的其他行为。

第七章　附　　则

第四十七条　本规定中下列用语的含义是：

（一）海员外派，指为非悬挂中华人民共和国国旗的船舶提供配员的船员服务活动。

（二）境外船舶船东，指非悬挂中华人民共和国国旗的船舶的所有人、经营人或者管理人。

（三）自有外派海员，指仅与本海员外派机构签订劳动合同的船员。

（四）境外突发事件，指中国籍船员在执行外派工作任务期间发生的，因经济纠纷、自然灾害、社会动乱、海盗袭击、战争、公共卫生事件等原因造成或者可能造成危害或者影响，需要采取应急处置措施予以应对的事件。

第四十八条　我国与有关国家或者地区签订有对外劳务合作相关协议的，按照协议规定执行。

第四十九条　海员外派机构资质证书的样式由交通运输部海事局统一规定。

第五十条　本规定自 2011 年 7 月 1 日起施行。

国家发展改革委关于废止部分规章的决定

（2023 年 9 月 26 日国家发展和改革委员会令第 5 号公布　自 2023 年 11 月 10 日起施行　国司备字〔2023009333〕）

为深入贯彻落实党的二十大精神，提升我委制度建设水平，我委组织开展了规章清理。经过清理，决定对《关于加强电力系统通信与电网调度自动化建设问题的规定》（能源计〔1990〕1018 号）等 8 件规章予以废止。

附件：决定废止的规章目录（8 件）

附件

决定废止的规章目录(8件)

序号	规章名称	原发文机关	发文字号
1	关于加强电力系统通信与电网调度自动化建设问题的规定	原能源部	能源计〔1990〕1018号
2	关于颁发《加强电网管理的规定》的通知	原电力工业部	电办〔1996〕379号
3	关于颁发《煤炭企业总工程师责任制》的通知	原煤炭工业部	煤生字〔1996〕414号
4	煤炭行政执法证管理办法	原煤炭工业部	1997年煤炭工业部令第2号
5	水电建设工程质量管理暂行办法	原电力工业部	电水农〔1997〕220号
6	电力监管执法证管理办法	原电监会	2006年电监会令第19号
7	国家电力监管委员会行政复议办法	原电监会	2010年电监会令第29号
8	电力安全事故调查程序规定	原电监会	2012年电监会令第31号

药品经营和使用质量监督管理办法

(2023 年 9 月 27 日国家市场监督管理总局令第 84 号公布 自 2024 年 1 月 1 日起施行 国司备字[2023009357])

第一章 总 则

第一条 为了加强药品经营和药品使用质量监督管理,规范药品经营和药品使用质量管理活动,根据《中华人民共和国药品管理法》(以下简称《药品管理法》)《中华人民共和国疫苗管理法》《中华人民共和国药品管理法实施条例》等法律、行政法规,制定本办法。

第二条 在中华人民共和国境内的药品经营、使用质量管理及其监督管理活动,应当遵守本办法。

第三条 从事药品批发或者零售活动的,应当经药品监督管理部门批准,依法取得药品经营许可证,严格遵守法律、法规、规章、标准和规范。

药品上市许可持有人可以自行销售其取得药品注册证书的药品,也可以委托药品经营企业销售。但是,药品上市许可持有人从事药品零售活动的,应当取得药品经营许可证。

其他单位从事药品储存、运输等相关活动的,应当遵守本办法相关规定。

第四条 医疗机构应当建立药品质量管理体系,对本单位药品购进、储存、使用全过程的药品质量管理负责。使用放射性药品等特殊管理的药品的,应当按规定取得相关的使用许可。

医疗机构以外的其他药品使用单位,应当遵守本办法关于医疗机构药品购进、储存、使用全过程的药品质量管理规定。

第五条 药品上市许可持有人、药品经营企业和医疗机构等应当遵守国家药品监督管理局制定的统一药品追溯标准和规范,建立并实施药品追溯制度,按照规定提供追溯信息,保证药品可追溯。

第六条 国家药品监督管理局主管全国药品经营和使用质量监督管理工作,对省、自治区、直辖市药品监督管理部门的药品经营和使用质量监督管理工作进行指导。

省、自治区、直辖市药品监督管理部门负责本行政区域内药品经营和使用质量监督管理,负责药品批发企业、药品零售连锁总部的许可、检查和处罚,以及药品上市许可持有人销售行为的检查和处罚;按职责指导设区的市级、县级人民政府承担药品监督管理职责的部门(以下简称市县级药品监督管理部门)的药品经营和使用质量监督管理工作。

市县级药品监督管理部门负责本行政区域内药品经营和使用质量监督管理,负责药品零售企业的许可、检查和处罚,以及药品使用环节质量的检查和处罚。

国家市场监督管理总局按照有关规定加强市场监管综合执法队伍的指导。

第七条 国家药品监督管理局制定药品经营质量管理规范及其现场检查指导原则。省、自治区、直辖市药品监督管理部门可以依据本办法、药品经营质量管理规范及其现场检查指导原则,结合本行政区域实际情况制定检查细则。

第二章 经 营 许 可

第八条 从事药品批发活动的,应当具备以下条件:

(一)有与其经营范围相适应的质量管理机构和人员;企业法定代表人、主要负责人、质量负责人、质量管理部门负责人等符合规定的条件;

(二)有依法经过资格认定的药师或者其他药学技术人员;

（三）有与其经营品种和规模相适应的自营仓库、营业场所和设施设备，仓库具备实现药品入库、传送、分拣、上架、出库等操作的现代物流设施设备；

（四）有保证药品质量的质量管理制度以及覆盖药品经营、质量控制和追溯全过程的信息管理系统，并符合药品经营质量管理规范要求。

第九条 从事药品零售连锁经营活动的，应当设立药品零售连锁总部，对零售门店进行统一管理。药品零售连锁总部应当具备本办法第八条第一项、第二项、第四项规定的条件，并具备能够保证药品质量、与其经营品种和规模相适应的仓库、配送场所和设施设备。

第十条 从事药品零售活动的，应当具备以下条件：

（一）经营处方药、甲类非处方药的，应当按规定配备与经营范围和品种相适应的依法经过资格认定的药师或者其他药学技术人员。只经营乙类非处方药的，可以配备经设区的市级药品监督管理部门组织考核合格的药品销售业务人员；

（二）有与所经营药品相适应的营业场所、设备、陈列、仓储设施以及卫生环境；同时经营其他商品（非药品）的，陈列、仓储设施应当与药品分开设置；在超市等其他场所从事药品零售活动的，应当具有独立的经营区域；

（三）有与所经营药品相适应的质量管理机构或者人员，企业法定代表人、主要负责人、质量负责人等符合规定的条件；

（四）有保证药品质量的质量管理制度、符合质量管理与追溯要求的信息管理系统，符合药品经营质量管理规范要求。

第十一条 开办药品经营企业，应当在取得营业执照后，向所在地县级以上药品监督管理部门申请药品经营许可证，提交下列材料：

（一）药品经营许可证申请表；

（二）质量管理机构情况以及主要负责人、质量负责人、质量管

理部门负责人学历、工作经历相关材料;

（三）药师或者其他药学技术人员资格证书以及任职文件;

（四）经营药品的方式和范围相关材料;

（五）药品质量管理规章制度以及陈列、仓储等关键设施设备清单;

（六）营业场所、设备、仓储设施及周边卫生环境等情况,营业场所、仓库平面布置图及房屋产权或者使用权相关材料;

（七）法律、法规规定的其他材料。

申请人应当对其申请材料全部内容的真实性负责。

申请人应当按照国家有关规定对申请材料中的商业秘密、未披露信息或者保密商务信息进行标注,并注明依据。

第十二条　药品监督管理部门收到药品经营许可证申请后,应当根据下列情况分别作出处理:

（一）申请事项依法不需要取得药品经营许可的,应当即时告知申请人不受理;

（二）申请事项依法不属于本部门职权范围的,应当即时作出不予受理的决定,并告知申请人向有关行政机关申请;

（三）申请材料存在可以当场更正的错误的,应当允许申请人当场更正;

（四）申请材料不齐全或者不符合形式审查要求的,应当当场或者在五日内发给申请人补正材料通知书,一次告知申请人需要补正的全部内容,逾期不告知的,自收到申请材料之日起即为受理;

（五）申请材料齐全、符合形式审查要求,或者申请人按照要求提交全部补正材料的,应当受理药品经营许可证申请。

药品监督管理部门受理或者不予受理药品经营许可证申请的,应当出具加盖本部门专用印章和注明日期的受理通知书或者不予受理通知书。

第十三条　药品监督管理部门应当自受理申请之日起二十日

内作出决定。

药品监督管理部门按照药品经营质量管理规范及其现场检查指导原则、检查细则等有关规定,组织开展申报资料技术审查和现场检查。

经技术审查和现场检查,符合条件的,准予许可,并自许可决定作出之日起五日内颁发药品经营许可证;不符合条件的,作出不予许可的书面决定,并说明理由。

仅从事乙类非处方药零售活动的,申请人提交申请材料和承诺书后,符合条件的,准予许可,当日颁发药品经营许可证。自许可决定作出之日起三个月内药品监督管理部门组织开展技术审查和现场检查,发现承诺不实的,责令限期整改,整改后仍不符合条件的,撤销药品经营许可证。

第十四条 药品监督管理部门应当在网站和办公场所公示申请药品经营许可证的条件、程序、期限、需要提交的全部材料目录和申请表格式文本等。

第十五条 药品监督管理部门应当公开药品经营许可证申请的许可结果,并提供条件便利申请人查询审批进程。

未经申请人同意,药品监督管理部门、专业技术机构及其工作人员不得披露申请人提交的商业秘密、未披露信息或者保密商务信息,法律另有规定或者涉及国家安全、重大社会公共利益的除外。

第十六条 药品监督管理部门认为药品经营许可涉及公共利益的,应当向社会公告,并举行听证。

药品经营许可直接涉及申请人与他人之间重大利益关系的,药品监督管理部门作出行政许可决定前,应当告知申请人、利害关系人享有要求听证的权利。

第十七条 药品经营许可证有效期为五年,分为正本和副本。药品经营许可证样式由国家药品监督管理局统一制定。药品经营许可证电子证书与纸质证书具有同等法律效力。

第十八条　药品经营许可证应当载明许可证编号、企业名称、统一社会信用代码、经营地址、法定代表人、主要负责人、质量负责人、经营范围、经营方式、仓库地址、发证机关、发证日期、有效期等项目。

企业名称、统一社会信用代码、法定代表人等项目应当与市场监督管理部门核发的营业执照中载明的相关内容一致。

第十九条　药品经营许可证载明事项分为许可事项和登记事项。

许可事项是指经营地址、经营范围、经营方式、仓库地址。

登记事项是指企业名称、统一社会信用代码、法定代表人、主要负责人、质量负责人等。

第二十条　药品批发企业经营范围包括中药饮片、中成药、化学药、生物制品、体外诊断试剂（药品）、麻醉药品、第一类精神药品、第二类精神药品、药品类易制毒化学品、医疗用毒性药品、蛋白同化制剂、肽类激素等。其中麻醉药品、第一类精神药品、第二类精神药品、药品类易制毒化学品、医疗用毒性药品、蛋白同化制剂、肽类激素等经营范围的核定，按照国家有关规定执行。

经营冷藏冷冻等有特殊管理要求的药品的，应当在经营范围中予以标注。

第二十一条　从事药品零售活动的，应当核定经营类别，并在经营范围中予以明确。经营类别分为处方药、甲类非处方药、乙类非处方药。

药品零售企业经营范围包括中药饮片、中成药、化学药、第二类精神药品、血液制品、细胞治疗类生物制品及其他生物制品等。其中第二类精神药品、血液制品、细胞治疗类生物制品经营范围的核定，按照国家有关规定执行。

经营冷藏冷冻药品的，应当在经营范围中予以标注。

药品零售连锁门店的经营范围不得超过药品零售连锁总部的经营范围。

第二十二条　从事放射性药品经营活动的,应当按照国家有关规定申领放射性药品经营许可证。

第二十三条　变更药品经营许可证载明的许可事项的,应当向发证机关提出药品经营许可证变更申请。未经批准,不得擅自变更许可事项。

发证机关应当自受理变更申请之日起十五日内作出准予变更或者不予变更的决定。

药品零售企业被其他药品零售连锁总部收购的,按照变更药品经营许可证程序办理。

第二十四条　药品经营许可证载明的登记事项发生变化的,应当在发生变化起三十日内,向发证机关申请办理药品经营许可证变更登记。发证机关应当在十日内完成变更登记。

第二十五条　药品经营许可证载明事项发生变更的,由发证机关在副本上记录变更的内容和时间,并按照变更后的内容重新核发药品经营许可证正本。

第二十六条　药品经营许可证有效期届满需要继续经营药品的,药品经营企业应当在有效期届满前六个月至两个月期间,向发证机关提出重新审查发证申请。

发证机关按照本办法关于申请办理药品经营许可证的程序和要求进行审查,必要时开展现场检查。药品经营许可证有效期届满前,应当作出是否许可的决定。

经审查符合规定条件的,准予许可,药品经营许可证编号不变。不符合规定条件的,责令限期整改;整改后仍不符合规定条件的,不予许可,并书面说明理由。逾期未作出决定的,视为准予许可。

在有效期届满前两个月内提出重新审查发证申请的,药品经营许可证有效期届满后不得继续经营;药品监督管理部门准予许可后,方可继续经营。

第二十七条　有下列情形之一的,由发证机关依法办理药品

经营许可证注销手续,并予以公告:

（一）企业主动申请注销药品经营许可证的;

（二）药品经营许可证有效期届满未申请重新审查发证的;

（三）药品经营许可依法被撤销、撤回或者药品经营许可证依法被吊销的;

（四）企业依法终止的;

（五）法律、法规规定的应当注销行政许可的其他情形。

第二十八条 药品经营许可证遗失的,应当向原发证机关申请补发。原发证机关应当及时补发药品经营许可证,补发的药品经营许可证编号和有效期限与原许可证一致。

第二十九条 任何单位或者个人不得伪造、变造、出租、出借、买卖药品经营许可证。

第三十条 药品监督管理部门应当及时更新药品经营许可证核发、重新审查发证、变更、吊销、撤销、注销等信息,并在完成后十日内予以公开。

第三章 经营管理

第三十一条 从事药品经营活动的,应当遵守药品经营质量管理规范,按照药品经营许可证载明的经营方式和经营范围,在药品监督管理部门核准的地址销售、储存药品,保证药品经营全过程符合法定要求。

药品经营企业应当建立覆盖药品经营全过程的质量管理体系。购销记录以及储存条件、运输过程、质量控制等记录应当完整准确,不得编造和篡改。

第三十二条 药品经营企业应当开展评估、验证、审核等质量管理活动,对已识别的风险及时采取有效控制措施,保证药品质量。

第三十三条 药品经营企业的法定代表人、主要负责人对药品经营活动全面负责。

药品经营企业的主要负责人、质量负责人应当符合药品经营质量管理规范规定的条件。主要负责人全面负责企业日常管理，负责配备专门的质量负责人；质量负责人全面负责药品质量管理工作，保证药品质量。

第三十四条 药品上市许可持有人将其持有的品种委托销售的，接受委托的药品经营企业应当具有相应的经营范围。受托方不得再次委托销售。药品上市许可持有人应当与受托方签订委托协议，明确约定药品质量责任等内容，对受托方销售行为进行监督。

药品上市许可持有人委托销售的，应当向其所在地省、自治区、直辖市药品监督管理部门报告；跨省、自治区、直辖市委托销售的，应当同时报告药品经营企业所在地省、自治区、直辖市药品监督管理部门。

第三十五条 药品上市许可持有人应当建立质量管理体系，对药品经营过程中药品的安全性、有效性和质量可控性负责。药品存在质量问题或者其他安全隐患的，药品上市许可持有人应当立即停止销售，告知药品经营企业和医疗机构停止销售和使用，及时依法采取召回等风险控制措施。

第三十六条 药品经营企业不得经营疫苗、医疗机构制剂、中药配方颗粒等国家禁止药品经营企业经营的药品。

药品零售企业不得销售麻醉药品、第一类精神药品、放射性药品、药品类易制毒化学品、蛋白同化制剂、肽类激素（胰岛素除外）、终止妊娠药品等国家禁止零售的药品。

第三十七条 药品上市许可持有人、药品经营企业应当加强药品采购、销售人员的管理，对其进行法律、法规、规章、标准、规范和专业知识培训，并对其药品经营行为承担法律责任。

第三十八条 药品上市许可持有人、药品批发企业销售药品时，应当向购药单位提供以下材料：

（一）药品生产许可证、药品经营许可证复印件；

（二）所销售药品批准证明文件和检验报告书复印件；

（三）企业派出销售人员授权书原件和身份证复印件；

（四）标明供货单位名称、药品通用名称、药品上市许可持有人（中药饮片标明生产企业、产地）、批准文号、产品批号、剂型、规格、有效期、销售数量、销售价格、销售日期等内容的凭证；

（五）销售进口药品的，按照国家有关规定提供相关证明文件；

（六）法律、法规要求的其他材料。

上述资料应当加盖企业印章。符合法律规定的可靠电子签名、电子印章与手写签名或者盖章具有同等法律效力。

第三十九条 药品经营企业采购药品时，应当索取、查验、留存本办法第三十八条规定的有关材料、凭证。

第四十条 药品上市许可持有人、药品经营企业购销活动中的有关资质材料和购销凭证、记录保存不得少于五年，且不少于药品有效期满后一年。

第四十一条 药品储存、运输应当严格遵守药品经营质量管理规范的要求，根据药品包装、质量特性、温度控制等要求采取有效措施，保证储存、运输过程中的药品质量安全。冷藏冷冻药品储存、运输应当按要求配备冷藏冷冻设施设备，确保全过程处于规定的温度环境，按照规定做好监测记录。

第四十二条 药品零售企业应当遵守国家处方药与非处方药分类管理制度，按规定凭处方销售处方药，处方保留不少于五年。

药品零售企业不得以买药品赠药品或者买商品赠药品等方式向公众赠送处方药、甲类非处方药。处方药不得开架销售。

药品零售企业销售药品时，应当开具标明药品通用名称、药品上市许可持有人（中药饮片标明生产企业、产地）、产品批号、剂型、规格、销售数量、销售价格、销售日期、销售企业名称等内容的凭证。

药品零售企业配备依法经过资格认定的药师或者其他药学技

术人员,负责药品质量管理、处方审核和调配、合理用药指导以及不良反应信息收集与报告等工作。

药品零售企业营业时间内,依法经过资格认定的药师或者其他药学技术人员不在岗时,应当挂牌告知。未经依法经过资格认定的药师或者其他药学技术人员审核,不得销售处方药。

第四十三条 药品零售连锁总部应当建立健全质量管理体系,统一企业标识、规章制度、计算机系统、人员培训、采购配送、票据管理、药学服务标准规范等,对所属零售门店的经营活动履行管理责任。

药品零售连锁总部所属零售门店应当按照总部统一质量管理体系要求开展药品零售活动。

第四十四条 药品零售连锁总部应当加强对所属零售门店的管理,保证其持续符合药品经营质量管理规范和统一的质量管理体系要求。发现所属零售门店经营的药品存在质量问题或者其他安全隐患的,应当及时采取风险控制措施,并依法向药品监督管理部门报告。

第四十五条 药品上市许可持有人、药品经营企业委托储存、运输药品的,应当对受托方质量保证能力和风险管理能力进行评估,与其签订委托协议,约定药品质量责任、操作规程等内容,对受托方进行监督,并开展定期检查。

药品上市许可持有人委托储存的,应当按规定向药品上市许可持有人、受托方所在地省、自治区、直辖市药品监督管理部门报告。药品经营企业委托储存药品的,按照变更仓库地址办理。

第四十六条 接受委托储存药品的单位应当符合药品经营质量管理规范有关要求,并具备以下条件:

(一)有符合资质的人员,相应的药品质量管理体系文件,包括收货、验收、入库、储存、养护、出库、运输等操作规程;

(二)有与委托单位实现数据对接的计算机系统,对药品入库、出库、储存、运输和药品质量信息进行记录并可追溯,为委托方药

品召回等提供支持;

（三）有符合省级以上药品监督管理部门规定的现代物流要求的药品储存场所和设施设备。

第四十七条　接受委托储存、运输药品的单位应当按照药品经营质量管理规范要求开展药品储存、运输活动,履行委托协议约定的义务,并承担相应的法律责任。受托方不得再次委托储存。

受托方再次委托运输的,应当征得委托方同意,并签订质量保证协议,确保药品运输过程符合药品经营质量管理规范要求。疫苗、麻醉药品、精神药品、医疗用毒性药品、放射性药品、药品类易制毒化学品等特殊管理的药品不得再次委托运输。

受托方发现药品存在重大质量问题的,应当立即向委托方所在地和受托方所在地药品监督管理部门报告,并主动采取风险控制措施。

第四十八条　药品批发企业跨省、自治区、直辖市设置仓库的,药品批发企业所在地省、自治区、直辖市药品监督管理部门商仓库所在地省、自治区、直辖市药品监督管理部门后,符合要求的,按照变更仓库地址办理。

药品批发企业跨省、自治区、直辖市设置的仓库,应当符合本办法第八条有关药品批发企业仓库的条件。药品批发企业应当对异地仓库实施统一的质量管理。

药品批发企业所在地省、自治区、直辖市药品监督管理部门负责对跨省、自治区、直辖市设置仓库的监督管理,仓库所在地省、自治区、直辖市药品监督管理部门负责协助日常监管。

第四十九条　因科学研究、检验检测、慈善捐助、突发公共卫生事件等有特殊购药需求的单位,向所在地设区的市级以上地方药品监督管理部门报告后,可以到指定的药品上市许可持有人或者药品经营企业购买药品。供货单位应当索取购药单位有关资质材料并做好销售记录,存档备查。

突发公共卫生事件或者其他严重威胁公众健康的紧急事件发

生时,药品经营企业应当按照县级以上人民政府的应急处置规定,采取相应措施。

第五十条　药品上市许可持有人、药品经营企业通过网络销售药品的,应当遵守《药品管理法》及药品网络销售监督管理有关规定。

第四章　药品使用质量管理

第五十一条　医疗机构应当建立健全药品质量管理体系,完善药品购进、验收、储存、养护及使用等环节的质量管理制度,明确各环节中工作人员的岗位责任。

医疗机构应当设置专门部门负责药品质量管理;未设专门部门的,应当指定专人负责药品质量管理。

第五十二条　医疗机构购进药品,应当核实供货单位的药品生产许可证或者药品经营许可证、授权委托书以及药品批准证明文件、药品合格证明等有效证明文件。首次购进药品的,应当妥善保存加盖供货单位印章的上述材料复印件,保存期限不得少于五年。

医疗机构购进药品时应当索取、留存合法票据,包括税票及详细清单,清单上应当载明供货单位名称、药品通用名称、药品上市许可持有人(中药饮片标明生产企业、产地)、批准文号、产品批号、剂型、规格、销售数量、销售价格等内容。票据保存不得少于三年,且不少于药品有效期满后一年。

第五十三条　医疗机构应当建立和执行药品购进验收制度,购进药品应当逐批验收,并建立真实、完整的记录。

药品购进验收记录应当注明药品的通用名称、药品上市许可持有人(中药饮片标明生产企业、产地)、批准文号、产品批号、剂型、规格、有效期、供货单位、购进数量、购进价格、购进日期。药品购进验收记录保存不得少于三年,且不少于药品有效期满后一年。

医疗机构接受捐赠药品、从其他医疗机构调入急救药品应当遵守本条规定。

第五十四条 医疗机构应当制定并执行药品储存、养护制度，配备专用场所和设施设备储存药品，做好储存、养护记录，确保药品储存符合药品说明书标明的条件。

医疗机构应当按照有关规定，根据药品属性和类别分库、分区、分垛储存药品，并实行色标管理。药品与非药品分开存放；中药饮片、中成药、化学药、生物制品分类存放；过期、变质、被污染等的药品应当放置在不合格库（区）；麻醉药品、精神药品、医疗用毒性药品、放射性药品、药品类易制毒化学品以及易燃、易爆、强腐蚀等危险性药品应当按照相关规定存放，并采取必要的安全措施。

第五十五条 医疗机构应当制定和执行药品养护管理制度，并采取必要的控温、防潮、避光、通风、防火、防虫、防鼠、防污染等措施，保证药品质量。

医疗机构应当配备药品养护人员，定期对储存药品进行检查和养护，监测和记录储存区域的温湿度，维护储存设施设备，并建立相应的养护档案。

第五十六条 医疗机构发现使用的药品存在质量问题或者其他安全隐患的，应当立即停止使用，向供货单位反馈并及时向所在地市县级药品监督管理部门报告。市县级药品监督管理部门应当按照有关规定进行监督检查，必要时开展抽样检验。

第五十七条 医疗机构应当积极协助药品上市许可持有人、中药饮片生产企业、药品批发企业履行药品召回、追回义务。

第五十八条 医疗机构应当建立覆盖药品购进、储存、使用的全过程追溯体系，开展追溯数据校验和采集，按规定提供药品追溯信息。

第五章 监督检查

第五十九条 药品监督管理部门应当根据药品经营使用单位

的质量管理,所经营和使用药品品种,检查、检验、投诉、举报等药品安全风险和信用情况,制定年度检查计划、开展监督检查并建立监督检查档案。检查计划包括检查范围、检查内容、检查方式、检查重点、检查要求、检查时限、承担检查的单位等。

药品监督管理部门应当将上一年度新开办的药品经营企业纳入本年度的监督检查计划,对其实施药品经营质量管理规范符合性检查。

第六十条　县级以上地方药品监督管理部门应当根据药品经营和使用质量管理风险,确定监督检查频次:

(一)对麻醉药品和第一类精神药品、药品类易制毒化学品经营企业检查,每半年不少于一次;

(二)对冷藏冷冻药品、血液制品、细胞治疗类生物制品、第二类精神药品、医疗用毒性药品经营企业检查,每年不少于一次;

(三)对第一项、第二项以外的药品经营企业,每年确定一定比例开展药品经营质量管理规范符合性检查,三年内对本行政区域内药品经营企业全部进行检查;

(四)对接收、储存疫苗的疾病预防控制机构、接种单位执行疫苗储存和运输管理规范情况进行检查,原则上每年不少于一次;

(五)每年确定一定比例医疗机构,对其购进、验收、储存药品管理情况进行检查,三年内对行政区域内医疗机构全部进行检查。

药品监督管理部门可结合本行政区域内工作实际,增加检查频次。

第六十一条　药品上市许可持有人、药品经营企业与受托开展药品经营相关活动的受托方不在同一省、自治区、直辖市的,委托方所在地药品监督管理部门负责对跨省、自治区、直辖市委托开展的药品经营活动实施监督管理,受托方所在地药品监督管理部门负责协助日常监管。委托方和受托方所在地药品监督管理部门应当加强信息沟通,相互通报监督检查等情况,必要时可以开展联合检查。

第六十二条　药品监督管理部门在监督检查过程中发现可能存在质量问题的药品,可以按照有关规定进行抽样检验。

第六十三条　根据监督检查情况,有证据证明可能存在药品安全隐患的,药品监督管理部门可以依法采取以下行政措施:

(一)行政告诫;

(二)责任约谈;

(三)责令限期整改;

(四)责令暂停相关药品销售和使用;

(五)责令召回药品;

(六)其他风险控制措施。

第六十四条　药品监督管理部门在监督检查过程中,发现存在涉嫌违反药品法律、法规、规章行为的,应当及时采取措施,按照职责和权限依法查处;涉嫌犯罪的,移交公安机关处理。发现涉嫌违纪线索的,移送纪检监察部门。

第六十五条　药品上市许可持有人、药品生产企业、药品经营企业和医疗机构应当积极配合药品监督管理部门实施的监督检查,如实提供与被检查事项有关的物品和记录、凭证以及医学文书等资料,不得以任何理由拒绝、逃避监督检查,不得伪造、销毁、隐匿有关证据材料,不得擅自动用查封、扣押物品。

第六章　法　律　责　任

第六十六条　药品经营和使用质量管理的违法行为,法律、行政法规已有规定的,依照其规定。

违反本办法规定,主动消除或者减轻违法行为危害后果的;违法行为轻微并及时改正,没有造成危害后果的;初次违法且危害后果轻微并及时改正的,依据《中华人民共和国行政处罚法》第三十二条、第三十三条规定从轻、减轻或者不予处罚。有证据足以证明没有主观过错的,不予行政处罚。

第六十七条　药品经营企业未按规定办理药品经营许可证登记事项变更的,由药品监督管理部门责令限期改正;逾期不改正的,处五千元以上五万元以下罚款。

第六十八条　药品经营企业未经批准变更许可事项或者药品经营许可证超过有效期继续开展药品经营活动的,药品监督管理部门按照《药品管理法》第一百一十五条的规定给予处罚,但是,有下列情形之一,药品经营企业及时改正,不影响药品质量安全的,给予减轻处罚:

(一)药品经营企业超出许可的经营方式、经营地址从事药品经营活动的;

(二)超出经营范围经营的药品不属于疫苗、麻醉药品、精神药品、药品类易制毒化学品、医疗用毒性药品、血液制品、细胞治疗类生物制品的;

(三)药品经营许可证超过有效期但符合申请办理药品经营许可证要求的;

(四)依法可以减轻处罚的其他情形。

药品零售企业违反本办法第三十六条第二款规定,法律、行政法规已有规定的,依照法律、行政法规的规定处罚。法律、行政法规未作规定的,责令限期改正,处五万元以上十万元以下罚款;造成危害后果的,处十万元以上二十万元以下罚款。

第六十九条　有下列违反药品经营质量管理规范情形之一的,药品监督管理部门可以依据《药品管理法》第一百二十六条规定的情节严重的情形给予处罚:

(一)药品上市许可持有人委托不具备相应资质条件的企业销售药品的;

(二)药品上市许可持有人、药品批发企业将国家有专门管理要求的药品销售给个人或者不具备相应资质的单位,导致相关药品流入非法渠道或者去向不明,或者知道、应当知道购进单位将相关药品流入非法渠道仍销售药品的;

（三）药品经营质量管理和质量控制过程中,记录或者票据不真实,存在虚假欺骗行为的;

（四）对已识别的风险未及时采取有效的风险控制措施,造成严重后果的;

（五）知道或者应当知道他人从事非法药品生产、经营和使用活动,依然为其提供药品的;

（六）其他情节严重的情形。

第七十条　有下列情形之一的,由药品监督管理部门责令限期改正;逾期不改正的,处五千元以上三万元以下罚款:

（一）接受药品上市许可持有人委托销售的药品经营企业违反本办法第三十四条第一款规定再次委托销售的;

（二）药品上市许可持有人未按本办法第三十四条第一款、第三十五条规定对委托销售行为进行管理的;

（三）药品上市许可持有人、药品经营企业未按本办法第四十五条第一款规定对委托储存、运输行为进行管理的;

（四）药品上市许可持有人、药品经营企业未按本办法第三十四条第二款、第四十五条第二款规定报告委托销售、储存情况的;

（五）接受委托储存药品的受托方违反本办法第四十七条第一款规定再次委托储存药品的;

（六）接受委托运输药品的受托方违反本办法第四十七条第二款规定运输药品的;

（七）接受委托储存、运输的受托方未按本办法第四十七条第三款规定向委托方所在地和受托方所在地药品监督管理部门报告药品重大质量问题的。

第七十一条　药品上市许可持有人、药品经营企业未按本办法第三十八条、第三十九条、第四十条、第四十二条第三款规定履行购销查验义务或者开具销售凭证,违反药品经营质量管理规范的,药品监督管理部门按照《药品管理法》第一百二十六条给予处罚。

第七十二条　药品零售企业有以下情形之一的,由药品监督管理部门责令限期改正;逾期不改正的,处五千元以上五万元以下罚款;造成危害后果的,处五万元以上二十万元以下罚款:

(一)未按规定凭处方销售处方药的;

(二)以买药品赠药品或者买商品赠药品等方式向公众直接或者变相赠送处方药、甲类非处方药的;

(三)违反本办法第四十二条第五款规定的药师或者药学技术人员管理要求的。

第七十三条　医疗机构未按本办法第五十一条第二款规定设置专门质量管理部门或者人员、未按本办法第五十二条、第五十三条、第五十四条、第五十五条、第五十六条规定履行进货查验、药品储存和养护、停止使用、报告等义务的,由药品监督管理部门责令限期改正,并通报卫生健康主管部门;逾期不改正或者情节严重的,处五千元以上五万元以下罚款;造成严重后果的,处五万元以上二十万元以下罚款。

第七章　附　　则

第七十四条　国家对疫苗、血液制品、麻醉药品、精神药品、医疗用毒性药品、放射性药品、药品类易制毒化学品等的经营、使用管理另有规定的,依照其规定。

第七十五条　本办法规定的期限以工作日计算。药品经营许可中技术审查、现场检查、企业整改等所需时间不计入期限。

第七十六条　药品经营许可证编号格式为"省份简称+两位分类代码+四位地区代码+五位顺序号"。

其中两位分类代码为大写英文字母,第一位 A 表示批发企业,B 表示药品零售连锁总部,C 表示零售连锁门店,D 表示单体药品零售企业;第二位 A 表示法人企业,B 表示非法人企业。

四位地区代码为阿拉伯数字,对应企业所在地区(市、州)代码,按照国内电话区号编写,区号为四位的去掉第一个0,区号为三位的全部保留,第四位为调整码。

第七十七条 药品批发企业,是指将购进的药品销售给药品生产企业、药品经营企业、医疗机构的药品经营企业。

药品零售连锁企业由总部、配送中心和若干个门店构成,在总部的管理下,实施规模化、集团化管理经营。

药品零售企业,是指将购进的药品直接销售给消费者的药品经营企业。

药品使用单位包括医疗机构、疾病预防控制机构等。

第七十八条 各省、自治区、直辖市药品监督管理部门可以依据本办法制定实施细则。

第七十九条 本办法自 2024 年 1 月 1 日起实施。2004 年 2 月 4 日原国家食品药品监督管理局令第 6 号公布的《药品经营许可证管理办法》和 2007 年 1 月 31 日原国家食品药品监督管理局令第 26 号公布的《药品流通监督管理办法》同时废止。

最高人民法院关于修改《最高人民法院关于知识产权法庭若干问题的规定》的决定

（2023 年 10 月 16 日最高人民法院审判委员会第1901 次会议通过　2023 年 10 月 21 日最高人民法院公告公布　自 2023 年 11 月 1 日起施行　法释〔2023〕10 号）

最高人民法院审判委员会第 1901 次会议决定，对《最高人民法院关于知识产权法庭若干问题的规定》作如下修改：

一、将第二条修改为："知识产权法庭审理下列上诉案件：

（一）专利、植物新品种、集成电路布图设计授权确权行政上诉案件；

（二）发明专利、植物新品种、集成电路布图设计权属、侵权民事和行政上诉案件；

（三）重大、复杂的实用新型专利、技术秘密、计算机软件权属、侵权民事和行政上诉案件；

（四）垄断民事和行政上诉案件。

知识产权法庭审理下列其他案件：

（一）前款规定类型的全国范围内重大、复杂的第一审民事和行政案件；

（二）对前款规定的第一审民事和行政案件已经发生法律效力的判决、裁定、调解书依法申请再审、抗诉、再审等适用审判监督程序的案件；

（三）前款规定的第一审民事和行政案件管辖权争议，行为保

全裁定申请复议,罚款、拘留决定申请复议,报请延长审限等案件;

(四)最高人民法院认为应当由知识产权法庭审理的其他案件。"

二、将第三条修改为:"审理本规定第二条所称案件的下级人民法院应当按照规定及时向知识产权法庭移送纸质、电子卷宗。"

三、增加一条,作为第四条:"知识产权法庭可以要求当事人披露涉案知识产权相关权属、侵权、授权确权等关联案件情况。当事人拒不如实披露的,可以作为认定其是否遵循诚实信用原则和构成滥用权利等的考量因素。"

四、将第八条改为第七条:"知识产权法庭审理的案件的立案信息、合议庭组成人员、审判流程、裁判文书等依法公开。"

五、将第十一条改为第十条,将其中的"本规定第二条第一、二、三项所称第一审案件"改为"本规定第二条第一款规定类型的第一审民事和行政案件"。

六、删除第四条、第五条、第十二条、第十三条、第十四条。

七、其他条文序号作相应调整。

本决定自 2023 年 11 月 1 日起施行。

根据本决定,《最高人民法院关于知识产权法庭若干问题的规定》作相应修改后重新公布。

最高人民法院关于知识产权法庭若干问题的规定

(2018 年 12 月 3 日最高人民法院审判委员会第 1756 次会议通过 根据 2023 年 10 月 16 日最高人民法院审判委员会第 1901 次会议通过的《最高人民法院关于修改〈最高人民法院关于知识产权法庭若干问题的规定〉的决定》修正 该修正自 2023 年 11 月 1 日起施行)

为进一步统一知识产权案件裁判标准,依法平等保护各类市场主体合法权益,加大知识产权司法保护力度,优化科技创新法治环境,加快实施创新驱动发展战略,根据《中华人民共和国人民法院组织法》《中华人民共和国民事诉讼法》《中华人民共和国行政诉讼法》《全国人民代表大会常务委员会关于专利等知识产权案件诉讼程序若干问题的决定》等法律规定,结合审判工作实际,就最高人民法院知识产权法庭相关问题规定如下。

第一条 最高人民法院设立知识产权法庭,主要审理专利等专业技术性较强的知识产权上诉案件。

知识产权法庭是最高人民法院派出的常设审判机构,设在北京市。

知识产权法庭作出的判决、裁定、调解书和决定,是最高人民法院的判决、裁定、调解书和决定。

第二条 知识产权法庭审理下列上诉案件:

(一)专利、植物新品种、集成电路布图设计授权确权行政上诉案件;

(二)发明专利、植物新品种、集成电路布图设计权属、侵权民事和行政上诉案件;

(三)重大、复杂的实用新型专利、技术秘密、计算机软件权属、侵权民事和行政上诉案件;

(四)垄断民事和行政上诉案件。

知识产权法庭审理下列其他案件:

(一)前款规定类型的全国范围内重大、复杂的第一审民事和行政案件;

(二)对前款规定的第一审民事和行政案件已经发生法律效力的判决、裁定、调解书依法申请再审、抗诉、再审等适用审判监督程序的案件;

(三)前款规定的第一审民事和行政案件管辖权争议,行为保全裁定申请复议,罚款、拘留决定申请复议,报请延长审限等案件;

(四)最高人民法院认为应当由知识产权法庭审理的其他案件。

第三条 审理本规定第二条所称案件的下级人民法院应当按照规定及时向知识产权法庭移送纸质、电子卷宗。

第四条 知识产权法庭可以要求当事人披露涉案知识产权相关权属、侵权、授权确权等关联案件情况。当事人拒不如实披露的，可以作为认定其是否遵循诚实信用原则和构成滥用权利等的考量因素。

第五条 知识产权法庭可以根据案件情况到实地或者原审人民法院所在地巡回审理案件。

第六条 知识产权法庭采取保全等措施，依照执行程序相关规定办理。

第七条 知识产权法庭审理的案件的立案信息、合议庭组成人员、审判流程、裁判文书等依法公开。

第八条 知识产权法庭法官会议由庭长、副庭长和若干资深法官组成，讨论重大、疑难、复杂案件等。

第九条 知识产权法庭应当加强对有关案件审判工作的调研，及时总结裁判标准和审理规则，指导下级人民法院审判工作。

第十条 对知识产权法院、中级人民法院已经发生法律效力的本规定第二条第一款规定类型的第一审民事和行政案件判决、裁定、调解书，省级人民检察院向高级人民法院提出抗诉的，高级人民法院应当告知其由最高人民检察院依法向最高人民法院提出，并由知识产权法庭审理。

第十一条 本规定自 2019 年 1 月 1 日起施行。最高人民法院此前发布的司法解释与本规定不一致的，以本规定为准。

附：

2023 年 10 月份报国务院备案并予以登记的地方性法规、自治条例、单行条例和地方政府规章目录

地方性法规

法规名称	公布日期	备案登记编号
天津市城镇排水和再生水利用管理条例	2023 年 9 月 22 日	国司备字〔2023009276〕
天津市人民代表大会常务委员会关于修改《天津市地方性法规制定条例》的决定	2023 年 9 月 22 日	国司备字〔2023009277〕
河北省畜禽屠宰管理条例	2023 年 9 月 21 日	国司备字〔2023009310〕
河北省知识产权保护和促进条例	2023 年 9 月 21 日	国司备字〔2023009311〕
河北省新能源发展促进条例	2023 年 9 月 21 日	国司备字〔2023009312〕
河北省社区矫正若干规定	2023 年 9 月 21 日	国司备字〔2023009313〕
河北省人民代表大会常务委员会人事任免办法	2023 年 9 月 21 日	国司备字〔2023009314〕
石家庄市人民代表大会常务委员会关于修改《石家庄市岗南黄壁庄水库饮用水水源污染防治条例》的决定	2023 年 9 月 25 日	国司备字〔2023009315〕
唐山市预防未成年人犯罪条例	2023 年 9 月 22 日	国司备字〔2023009316〕
邯郸市历史文化名城名镇名村和传统村落保护条例	2023 年 10 月 13 日	国司备字〔2023009317〕

法规名称	公布日期	备案登记编号
廊坊市公共卫生服务促进条例	2023 年 10 月 12 日	国司备字〔2023009318〕
保定市历史文化名城保护条例	2023 年 9 月 25 日	国司备字〔2023009319〕
张家口堡保护利用条例	2023 年 10 月 7 日	国司备字〔2023009320〕
承德市野外用火管理规定	2023 年 9 月 26 日	国司备字〔2023009321〕
沧州市餐厨垃圾管理条例	2023 年 10 月 9 日	国司备字〔2023009322〕
大同市大清河流域生态修复与保护条例	2023 年 4 月 4 日	国司备字〔2023009262〕
内蒙古自治区专利促进与保护条例	2023 年 9 月 27 日	国司备字〔2023009336〕
内蒙古自治区农用薄膜污染防治条例	2023 年 9 月 27 日	国司备字〔2023009337〕
内蒙古自治区人民代表大会常务委员会关于修改《内蒙古自治区实施〈中华人民共和国人民防空法〉办法》的决定	2023 年 9 月 27 日	国司备字〔2023009339〕
内蒙古自治区人民代表大会常务委员会关于修改《内蒙古自治区就业促进条例》的决定	2023 年 9 月 27 日	国司备字〔2023009340〕
内蒙古自治区人民代表大会常务委员会关于修改《内蒙古自治区人民代表大会代表建议、批评和意见办理办法》的决定	2023 年 9 月 27 日	国司备字〔2023009341〕
赤峰市人民代表大会常务委员会关于修改《赤峰市城镇供热条例》的决定	2023 年 10 月 7 日	国司备字〔2023009353〕
鄂尔多斯市水资源管理条例	2023 年 10 月 9 日	国司备字〔2023009342〕
巴彦淖尔市乌梁素海流域生态保护条例	2023 年 10 月 7 日	国司备字〔2023009343〕

法规名称	公布日期	备案登记编号
辽宁省公安机关警务辅助人员管理条例	2023 年 9 月 27 日	国司备字〔2023009280〕
辽宁省农作物种子管理条例	2023 年 9 月 27 日	国司备字〔2023009281〕
黑龙江省革命老区振兴发展促进条例	2023 年 9 月 1 日	国司备字〔2023009230〕
黑龙江省人民代表大会常务委员会关于废止《黑龙江省技术市场管理条例》、《黑龙江省石油天然气勘探开发环境保护条例》两部地方性法规的决定	2023 年 9 月 1 日	国司备字〔2023009231〕
关于修改《哈尔滨市城市道路限制交通若干规定》以及废止《哈尔滨市地名管理条例》、《哈尔滨市工会劳动法律监督条例》的决定	2023 年 6 月 30 日	国司备字〔2023009241〕
双鸭山市文明行为促进条例	2023 年 9 月 4 日	国司备字〔2023009232〕
上海市土壤污染防治条例	2023 年 7 月 25 日	国司备字〔2023009347〕
上海市促进浦东新区标准化创新发展若干规定	2023 年 7 月 25 日	国司备字〔2023009348〕
上海市促进浦东新区融资租赁发展若干规定	2023 年 7 月 25 日	国司备字〔2023009349〕
上海市爱国卫生与健康促进条例	2023 年 9 月 26 日	国司备字〔2023009360〕
上海市种子条例	2023 年 9 月 26 日	国司备字〔2023009361〕
浙江省科学技术进步条例	2023 年 9 月 28 日	国司备字〔2023009288〕
浙江省食品安全数字化追溯规定	2023 年 9 月 28 日	国司备字〔2023009291〕
浙江省人民代表大会常务委员会关于修改《浙江省地方立法条例》的决定	2023 年 9 月 28 日	国司备字〔2023009293〕

法规名称	公布日期	备案登记编号
浙江省人民代表大会常务委员会关于修改《浙江省实施〈中华人民共和国工会法〉办法》的决定	2023 年 9 月 28 日	国司备字〔2023009297〕
福建省预算审查监督条例	2023 年 9 月 22 日	国司备字〔2023009282〕
福州市城市养犬管理条例	2023 年 10 月 7 日	国司备字〔2023009283〕
龙岩市海绵城市条例	2023 年 9 月 27 日	国司备字〔2023009284〕
龙岩市公筷公勺使用规定	2023 年 9 月 27 日	国司备字〔2023009285〕
新余市人民代表大会常务委员会关于修改《新余市农村房屋建设管理条例》的决定	2023 年 7 月 1 日	国司备字〔2023009279〕
萍乡市雷电灾害防御条例	2023 年 8 月 3 日	国司备字〔2023009263〕
上饶市人民代表大会常务委员会关于修改《上饶市农村居民住房建设管理条例》的决定	2023 年 8 月 25 日	国司备字〔2023009264〕
鹰潭市海绵城市规划建设管理条例	2023 年 8 月 7 日	国司备字〔2023009265〕
山东省农村供水条例	2023 年 9 月 27 日	国司备字〔2023009362〕
济南市城市轨道交通条例	2023 年 9 月 27 日	国司备字〔2023009363〕
济南市行政审批与监督管理协同联动规定	2023 年 9 月 27 日	国司备字〔2023009364〕
青岛市人民代表大会常务委员会关于废止《青岛市授予荣誉市民称号办法》的决定	2023 年 9 月 27 日	国司备字〔2023009365〕
青岛市全民健身条例	2023 年 9 月 27 日	国司备字〔2023009366〕

法规名称	公布日期	备案登记编号
烟台市海绵城市建设管理条例	2023 年 9 月 27 日	国司备字〔2023009367〕
烟台市人民代表大会常务委员会关于修改《烟台市饮用水水源保护条例》《烟台市城市供水条例》的决定	2023 年 9 月 27 日	国司备字〔2023009368〕
济宁市大运河岸线保护管理条例	2023 年 9 月 27 日	国司备字〔2023009369〕
威海市人民代表大会常务委员会关于修改《威海市海上交通安全条例》的决定	2023 年 9 月 29 日	国司备字〔2023009370〕
枣庄市地名管理办法	2023 年 9 月 28 日	国司备字〔2023009371〕
德州市供热条例	2023 年 9 月 28 日	国司备字〔2023009372〕
聊城市城乡网格化服务管理条例	2023 年 10 月 10 日	国司备字〔2023009373〕
滨州市社会心理服务条例	2023 年 10 月 7 日	国司备字〔2023009374〕
河南省保障税收服务发展条例	2023 年 9 月 28 日	国司备字〔2023009323〕
河南省水利工程管理条例	2023 年 9 月 28 日	国司备字〔2023009324〕
河南省革命文物保护条例	2023 年 9 月 28 日	国司备字〔2023009325〕
湖南省实施《中华人民共和国动物防疫法》办法	2023 年 9 月 22 日	国司备字〔2023009252〕
湖南省县级人民代表大会常务委员会街道工作委员会工作条例	2023 年 9 月 22 日	国司备字〔2023009287〕
常德市平安建设网格化服务管理条例	2023 年 10 月 11 日	国司备字〔2023009344〕
益阳市中心城区资江两岸风貌管控若干规定	2023 年 10 月 9 日	国司备字〔2023009345〕

法规名称	公布日期	备案登记编号
郴州市野外用火管理若干规定	2023 年 9 月 25 日	国司备字〔2023009346〕
广东省预防未成年人犯罪条例	2023 年 9 月 27 日	国司备字〔2023009302〕
广东省深汕特别合作区条例	2023 年 9 月 27 日	国司备字〔2023009303〕
广东省人民代表大会常务委员会关于修改《广东省地方立法条例》的决定	2023 年 9 月 27 日	国司备字〔2023009304〕
广东省生态环境教育条例	2023 年 9 月 27 日	国司备字〔2023009305〕
广东省燃气管理条例	2023 年 9 月 27 日	国司备字〔2023009306〕
深圳市人民代表大会常务委员会关于修改《深圳经济特区前海蛇口自由贸易试验片区条例》的决定	2023 年 9 月 4 日	国司备字〔2023009233〕
深圳经济特区海域污染防治条例	2023 年 9 月 5 日	国司备字〔2023009234〕
深圳市人民代表大会常务委员会议事规则	2023 年 9 月 5 日	国司备字〔2023009235〕
深圳经济特区城市燃气管理条例	2023 年 9 月 5 日	国司备字〔2023009236〕
深圳经济特区居民生活用水电燃气价格管理若干规定	2023 年 9 月 5 日	国司备字〔2023009237〕
深圳经济特区自然灾害防治条例	2023 年 9 月 5 日	国司备字〔2023009238〕
珠海经济特区加强住宅小区治理若干规定	2023 年 9 月 28 日	国司备字〔2023009253〕
珠海经济特区反走私综合治理条例	2023 年 10 月 8 日	国司备字〔2023009254〕
珠海经济特区律师执业条例	2023 年 10 月 8 日	国司备字〔2023009307〕

法规名称	公布日期	备案登记编号
广西壮族自治区土地管理条例	2023 年 9 月 22 日	国司备字〔2023009326〕
南宁市违法小广告查处规定	2023 年 8 月 8 日	国司备字〔2023009223〕
南宁市爱国卫生条例	2023 年 8 月 8 日	国司备字〔2023009224〕
南宁市志愿服务条例	2023 年 8 月 8 日	国司备字〔2023009225〕
钦州市停车场建设和管理条例	2023 年 8 月 9 日	国司备字〔2023009226〕
玉林市北流河流域生态环境保护条例	2023 年 8 月 9 日	国司备字〔2023009227〕
防城港市人民代表大会常务委员会关于查处非法开采海砂的规定	2023 年 8 月 10 日	国司备字〔2023009228〕
崇左市农村留守儿童关爱保护条例	2023 年 8 月 10 日	国司备字〔2023009229〕
海南自由贸易港三亚中央商务区条例	2023 年 9 月 19 日	国司备字〔2023009269〕
海口市人民代表大会常务委员会关于修改《海口市房地产中介服务管理办法》的决定	2023 年 9 月 22 日	国司备字〔2023009272〕
三亚市人民代表大会常务委员会关于修改《三亚市餐厨垃圾管理规定》的决定	2023 年 9 月 21 日	国司备字〔2023009270〕
三亚市人民代表大会常务委员会关于修改《三亚市爱国卫生管理办法》的决定	2023 年 9 月 21 日	国司备字〔2023009271〕
重庆市审计条例	2023 年 9 月 27 日	国司备字〔2023009330〕
重庆市司法鉴定条例	2023 年 9 月 27 日	国司备字〔2023009331〕
重庆市动物防疫条例	2023 年 9 月 27 日	国司备字〔2023009332〕

法规名称	公布日期	备案登记编号
重庆市航道管理条例	2023 年 9 月 27 日	国司备字〔2023009354〕
威宁彝族回族苗族自治县人民代表大会关于修改《威宁彝族回族苗族自治县畜牧业发展条例》的决定	2023 年 8 月 22 日	国司备字〔2023009240〕
云南省星云湖保护条例	2023 年 9 月 23 日	国司备字〔2023009255〕
云南省杞麓湖保护条例	2023 年 9 月 23 日	国司备字〔2023009256〕
云南省程海保护条例	2023 年 9 月 23 日	国司备字〔2023009257〕
云南省泸沽湖保护条例	2023 年 9 月 23 日	国司备字〔2023009258〕
曲靖市严重精神障碍患者救助保障条例	2023 年 9 月 27 日	国司备字〔2023009334〕
德宏傣族景颇族自治州乡村绿化条例	2023 年 9 月 28 日	国司备字〔2023009335〕
西藏自治区人民调解条例	2023 年 9 月 22 日	国司备字〔2023009266〕
拉萨市网格化服务管理条例	2023 年 9 月 22 日	国司备字〔2023009267〕
拉萨市民族团结进步条例	2023 年 9 月 22 日	国司备字〔2023009268〕
西安市人民代表大会常务委员会关于废止《西安市授予荣誉市民称号规定》的决定	2023 年 9 月 8 日	国司备字〔2023009273〕
铜川市防洪排涝条例	2023 年 8 月 26 日	国司备字〔2023009274〕
渭南市养犬管理条例	2023 年 8 月 22 日	国司备字〔2023009275〕
平凉市人民代表大会常务委员会关于修改《平凉市物业管理条例》的决定	2023 年 9 月 1 日	国司备字〔2023009221〕

法规名称	公布日期	备案登记编号
甘肃省甘南藏族自治州家畜家禽防疫条例	2023 年 8 月 30 日	国司备字〔2023009222〕
甘肃省张家川回族自治县市容和环境卫生管理条例	2023 年 10 月 10 日	国司备字〔2023009286〕
巴音郭楞蒙古自治州人民代表大会常务委员会关于修改《巴音郭楞蒙古自治州红枣产业促进条例》《巴音郭楞蒙古自治州库尔勒香梨产业高质量发展促进条例》的决定	2023 年 8 月 18 日	国司备字〔2023009239〕

地方政府规章

规章名称	公布日期	备案登记编号
河北省传统工艺美术保护和发展办法	2023 年 9 月 11 日	国司备字〔2023009214〕
河北省地方储备粮管理办法	2023 年 10 月 7 日	国司备字〔2023009308〕
河北省实施《残疾预防和残疾人康复条例》办法	2023 年 10 月 22 日	国司备字〔2023009378〕
邢台市行政执法协调监督工作办法	2023 年 8 月 31 日	国司备字〔2023009213〕
呼和浩特市人民政府关于废止《呼和浩特市新建住宅物业共用部位,共用设施设备保修金管理办法》的决定	2023 年 9 月 19 日	国司备字〔2023009290〕
沈阳市人民政府关于废止《沈阳市城市建设档案管理办法》等部分政府规章的决定	2023 年 9 月 16 日	国司备字〔2023009259〕
鞍山市起草地方性法规和制定政府规章程序规定	2023 年 10 月 9 日	国司备字〔2023009350〕
辽阳市机动车停车管理办法	2023 年 10 月 7 日	国司备字〔2023009356〕

规章名称	公布日期	备案登记编号
江苏省政府投资工程集中建设管理办法	2023 年 9 月 2 日	国司备字〔2023009215〕
淮安市城镇燃气管理办法	2023 年 9 月 8 日	国司备字〔2023009217〕
杭州市人民政府关于加强危险物品安全管理的决定	2023 年 9 月 8 日	国司备字〔2023009212〕
安徽省人民政府关于修改和废止部分规章的决定	2023 年 9 月 21 日	国司备字〔2023009328〕
蚌埠市违法建设查处办法	2023 年 8 月 30 日	国司备字〔2023009244〕
莆田市兴化府历史文化街区保护管理办法	2023 年 9 月 23 日	国司备字〔2023009309〕
江西省人民政府关于废止 1 件和修改 7 件省政府规章的决定	2023 年 9 月 12 日	国司备字〔2023009246〕
江西省农村村民自建房管理办法	2023 年 9 月 28 日	国司备字〔2023009247〕
济南市消防安全宣传教育规定	2023 年 9 月 13 日	国司备字〔2023009249〕
《济南市绿化条例》实施细则	2023 年 9 月 13 日	国司备字〔2023009250〕
济南市城市绿线管理办法	2023 年 9 月 13 日	国司备字〔2023009251〕
青岛市科学技术奖励办法	2023 年 10 月 2 日	国司备字〔2023009351〕
青岛市城市景观照明管理办法	2023 年 9 月 30 日	国司备字〔2023009355〕
枣庄市生活垃圾分类管理办法	2023 年 9 月 26 日	国司备字〔2023009301〕
德州市献血规定	2023 年 8 月 31 日	国司备字〔2023009245〕

规章名称	公布日期	备案登记编号
滨州市城镇房屋使用安全管理办法	2023 年 9 月 21 日	国司备字 ［2023009289］
郑州市城市桥梁隧道管理办法	2023 年 9 月 19 日	国司备字 ［2023009292］
信阳市行政执法监督办法	2023 年 9 月 11 日	国司备字 ［2023009216］
十堰市人民政府关于修改《十堰市汽车工业文化遗产保护办法》的决定	2023 年 9 月 26 日	国司备字 ［2023009327］
鄂州市人民政府关于废止《鄂州市电动车管理暂行办法》的决定	2023 年 9 月 25 日	国司备字 ［2023009248］
邵阳市户外广告和招牌设施设置管理办法	2023 年 9 月 12 日	国司备字 ［2023009260］
深圳市人民政府关于废止《深圳市行政执法证件管理办法》等 8 项规章的决定	2023 年 9 月 8 日	国司备字 ［2023009219］
深圳市医疗保障办法	2023 年 9 月 7 日	国司备字 ［2023009220］
揭阳市消防水源管理办法	2023 年 10 月 10 日	国司备字 ［2023009380］
海南省地方粮食储备管理办法	2023 年 9 月 7 日	国司备字 ［2023009261］
三亚市水上旅游管理办法	2023 年 10 月 9 日	国司备字 ［2023009294］
重庆市高速公路管理办法	2023 年 9 月 18 日	国司备字 ［2023009242］
重庆市人民政府关于修改《重庆市关于开展对部分个人住房征收房产税改革试点的暂行办法》和《重庆市个人住房房产税征收管理实施细则》的决定	2023 年 9 月 20 日	国司备字 ［2023009243］
成都市河长制规定	2023 年 9 月 30 日	国司备字 ［2023009377］

续表

规章名称	公布日期	备案登记编号
资阳市生活垃圾分类管理办法	2023 年 9 月 28 日	国司备字〔2023009329〕
遵义市城镇生活垃圾分类管理办法	2023 年 9 月 16 日	国司备字〔2023009295〕
西藏自治区人民政府关于修改和废止部分政府规章的决定	2023 年 8 月 17 日	国司备字〔2023009296〕
酒泉市城市供水管理办法	2023 年 9 月 26 日	国司备字〔2023009379〕
吴忠市海绵城市建设管理办法	2023 年 9 月 28 日	国司备字〔2023009375〕
吴忠市城市供热管理办法	2023 年 9 月 28 日	国司备字〔2023009376〕

图书在版编目（CIP）数据

中华人民共和国新法规汇编.2023年.第11辑:总第321辑/司法部编.—北京:中国法制出版社,2024.4

ISBN 978-7-5216-4393-0

Ⅰ.①中… Ⅱ.①司… Ⅲ.①法规–汇编–中国–2023 Ⅳ.①D920.9

中国国家版本馆 CIP 数据核字(2024)第058498号

中华人民共和国新法规汇编

ZHONGHUA RENMIN GONGHEGUO XIN FAGUI HUIBIAN

（2023年第11辑）

编者/司法部

经销/新华书店
印刷/三河市紫恒印装有限公司

开本/850毫米×1168毫米　32开	印张/6.125　字数/135千
版次/2024年4月第1版	2024年4月第1次印刷

中国法制出版社出版
书号 ISBN 978-7-5216-4393-0　　　　　　　　　　定价:18.00元

北京市西城区西便门西里甲16号西便门办公区
邮政编码:100053　　　　　　　　　　　　　　　传真:010-63141600
网址:http://www.zgfzs.com　　　　　　　　编辑部电话:010-63141663
市场营销部电话:010-63141612　　　　　　　印务部电话:010-63141606
（如有印装质量问题,请与本社印务部联系。）